# NAS ENCRUZILHADAS DO AMOR

HENRI CAFFAREL

# NAS ENCRUZILHADAS DO AMOR

Tradução de Pe. Flávio Cavalca de Castro, C.Ss.R.

**EDITORA SANTUÁRIO**
Aparecida-SP

COORDENAÇÃO EDITORIAL: Elizabeth dos Santos Reis
REVISÃO: Ana Lúcia de Castro Leite
DIAGRAMAÇÃO: Alex Luis Siqueira Santos
CAPA: Mauricio Pereira

Título original: *Aux carrefours de l'amour*
© Éditions Parole et Silence
ISBN 2-84573-090-X

**Dados Internacionais de Catalogação na Publicação (CIP)**
**(Câmara Brasileira do Livro, SP, Brasil)**

Caffarel, Henri
    Nas encruzilhadas do amor / Henri Caffarel. — Aparecida, SP: Editora Santuário, 2003.

    Título original: Aux carrefours de l'amour
    ISBN 85-7200-852-7

    1. Amor 2. Casamento – Aspectos religiosos – Cristianismo 3. Espiritualidade 4. Igreja – Trabalho com famílias 5. Testemunhos (Cristianismo) I. Título.

03-2288                                                                                CDD-248.844

**Índices para catálogo sistemático:**

1. Vida conjugal: Guias para casais: Cristianismo 248.844

9ª impressão

Todos os direitos reservados à **EDITORA SANTUÁRIO** – 2023

Rua Pe. Claro Monteiro, 342 – 12570-045 – Aparecida-SP
Tel.: 12 3104-2000 – Televendas: 0800 - 016 00 04
www.editorasantuario.com.br
vendas@editorasantuario.com.br

# Prefácio

Da leitura deste livro ninguém sai sem marcas, principalmente, é claro, quem é casado. Ainda que tenham sido redigidas entre 1945 e 1967, estas crônicas continuam sendo de especial atualidade. O talento pedagógico do padre Caffarel torna verdades essenciais para a vida do casal não apenas claras para a inteligência, mas perceptíveis por todo o nosso ser, por nossa sensibilidade e por nossa vontade. Atitudes fundamentais como a escuta, a palavra, a acolhida, a atenção e o perdão ganham corpo em seres de carne e sangue, apresentando-se como vivos e ardentes apelos.

Testemunha de uma época que, na França e na Europa, foi caracterizada por uma renovação da espiritualidade conjugal, da qual hoje em dia ainda somos herdeiros, esta obra faz surgir hoje em toda sua novidade ideias que depois se tornaram clássicas, mas às quais temos de voltar sempre: "O amor não é uma sorte grande a cair do céu, mas uma conquista de cada dia", "É preciso partir ao encontro do outro cada dia". A analogia entre o amor humano e a relação entre homem e Deus, que às vezes vemos apresentada de maneira um tanto abstrata, aqui a encontramos de forma precisa e concreta. Com efeito, geralmente a estrutura dos capítulos consiste em mostrar como uma atitude, exigida pelo amor humano autêntico, é exigida igualmente pela oração, ou se encontra também no que a fé nos ensina do amor divino.

Talvez alguns encontrem aqui ou lá marcas de uma cultura que colocava muito alto as expectativas quanto à vida de casal. Padre Caffarel, porém, está muito longe de uma concepção romântica do amor. Vê-se isso, por exemplo, quando tem a coragem de afirmar que nenhum esposo, nenhuma esposa pode ser "a satisfação" de seu cônjuge. Ou quando tem a coragem de mostrar no amor crucificado, vivido na noite escura, sem o retorno da fidelidade, a conformidade ao amor manifestado por Cristo em sua paixão. Esses textos convidam-nos ao realismo. Aí encontramos muito presente a percepção dos combates, dos sofrimentos e dos escolhos, e mais, até a dimensão trágica da conjugalidade como de qualquer outra relação entre seres humanos. Por exemplo, nestes dois capítulos, agudos e pungentes: "Silêncio que mata o amor", e "Não há surdo pior...". Por outro lado, parece que pôr em evidência a grandeza das exigências do amor conjugal acaba sendo um estímulo benéfico. É o que se vê na verdade irrecusável da resposta de Padre Caffarel a um sacerdote que lhe perguntava como se poderia reconhecer que está começando a morrer o amor de um casal: "Decidir não fazer mais pela pessoa que se ama".

Quem iria pretender que somente os casados sabem falar bem sobre o casamento? Padre Caffarel mostra-nos que um padre, celibatário, após anos de escuta atenta, de amizades e de convívio acaba percebendo muitos aspectos da vida conjugal que um homem casado, limitado por sua experiência particular, muitas vezes não poderia perceber nem expressar tão bem.

Quando alguns se decidem pela precariedade, quando tantos estão prontos a se render aos determinismos psicológicos, é bom relembrar os desafios propriamente espirituais do casal e do amor, dessa espantosa aventura onde está em jogo não apenas o relacionamento entre duas pessoas, mas também o relacionamento consigo mesmo, com Deus e com os outros. Que os leitores deste livro possam compreender em toda a sua verdade esse apelo libertador: "Tenham coragem de ser felizes!"

*Xavier Lacroix*

# Aos leitores

*Seria bom que esses quase trinta bilhetes fossem lidos no espírito em que foram escritos.*

*Nascidos da pena ao sabor da ocasião, foram publicados como editoriais no L'Anneau d'Or, revista que, de 1945 a 1967, desbravou veredas até então pouco exploradas da espiritualidade cristã do casamento. Dessa origem eles conservam seu tom impulsivo ou incisivo. Às vezes o tom será de análise minuciosa de uma situação conjugal complicada, às vezes de conselho amigo ou até mesmo de exortação.*

*São "instantâneos". Apanharam no ar um gesto, um olhar, um impulso ou uma fuga. Quase sempre se prendem a um instante particular: quando um casal, seguindo seu caminho, chega a uma encruzilhada — uma encruzilhada do amor. Por isso o título deste livro. Os esposos avançavam pela estrada sem levantar questões, e de repente estão numa encruzilhada inesperada. Queiram ou não, têm de escolher. Nesse momento é que o instantâneo foi batido. Nem por curiosidade, nem para surpreender o casal num momento embaraçante, mas com simpatia profunda, vontade de compreender e ajudar.*

*Que meus leitores tenham a mesma simpatia. Afinal não será difícil, pois esses homens e essas mulheres que* irão conhecer são seus semelhantes, irmãos e irmãs. Suas experiências, suas dificuldades, seus triunfos foram, são e serão os de vocês.

Entre vocês e eles logo se estabelecerá o diálogo. Vocês ficarão surpresos ao reagir: "É exatamente isso que eu faria...", "vocês deveriam...". E eles, de sua parte, não deixarão de lhes sugerir um erro a evitar, um gesto de amor que não deve ser descuidado, uma oportunidade, uma graça a ser apanhada no ar. Surgirão laços de amizade.

Às vezes vocês ficarão consolados ao descobrir que não estão sozinhos, como pensavam, a viver dificuldades como as suas.

Se vocês já deixaram para trás uma longa vida conjugal, descobrirão na história de outro casal as etapas de seu amor, e agradecerão a Deus porque (com toque de dedo, ou com um golpe de mão, quem sabe?) os colocou ou recolocou no bom caminho. Se o seu otimismo, de aprendizes da arte de amar, ainda é um pouco ingênuo, vão aprender que nem tudo é sempre fácil. Se o pessimismo tomou conta de vocês diante do fracasso de tantos casais, é bem possível que redescubram a fé no amor, ao ver outros casais que, apesar dos acidentes de percurso, souberam evitar o naufrágio.

Certamente não deixarão de notar que há sempre um socorro misterioso, e às vezes imprevisível, para o lar construído sobre o sacramento do matrimônio. As leis da gravidade nem sempre têm a última palavra diante das energias do Cristo ressuscitado.

Isso para os leitores que vão ler esses bilhetes no espírito com que foram escritos. Há porém o risco de serem interpretados exatamente ao contrário. Depois de ler esta ou aquela página, você poderia correr ao encontro do outro brandindo o livro: "Está vendo, você é exatamente assim, bem que eu tinha razão...", como se também não fosse verdade, e até mais, que se trata de você! Poderia até haver perigo de você se enamorar do homem ou da mulher cujo retrato é apresentado. "Pena que eu não me casei com ele ou com ela!"

Enfim, algumas sugestões para quem espera um "Modo de usar". Por onde começar a leitura? Cada um decida conforme seu gosto e sua inclinação. Vocês podem se deixar tentar por um título; ou podem olhar o índice; ou simplesmente podem seguir a ordem dos capítulos que seguem um critério de alternância (longos e curtos, alegres e sérios, fáceis e difíceis).

E depois vocês fecharão estas páginas. E talvez vão perceber que, ao caminhar de encruzilhada em encruzilhada nos caminhos do amor humano, acabaram avançando também nos caminhos do amor de Deus. A menos que, num sentido inverso, não seja o amor de Deus a fazê-los progredir no amor humano. Amor humano e amor divino, com efeito, estão ligados entre si. O amor de Deus é a fonte inesgotável onde o amor humano pode ir sempre buscar graças de renovação. O amor dos esposos, com seus encantamentos, suas agonias, suas ressurreições, é a imagem transparente, a "parábola" do amor entre Deus e seu povo, entre Deus e cada um de seus filhos e filhas.

H. C.

# Uma tão longa ausência

Guardo a inesquecível lembrança de um velho filme. Sua carreira comercial não foi excepcional, mas certamente em muitos espectadores tocou aquele canto da alma que poucas vezes é atingido numa sala de cinema. Trata-se do filme *Uma tão longa ausência*[1]. O tema foi explorado muitas vezes: logo depois da guerra, quantas vezes se falou de gente que perdeu a memória e de outros "viajantes sem bagagem"! Nesse filme, porém, trata-se de outra coisa: fala-se da sobrevivência do amor por alguém apesar de sua decadência física e mental, quando já não é mais que um morto-vivo emparedado em sua inconsciência.

Um mendigo aparece na rua. Thérese Langlois, que a princípio nem lhe prestara atenção, perturba-se profundamente quando ele passa por ela. Ele continua seu caminho e desaparece pelos lados das margens do Sena.

Os fregueses fiéis do modesto *Café de la Vieille-Église,* do qual ela é proprietária, nem reconhecem Teresa, mulher sempre sorridente e agradável, que a todos comove com sua fidelidade ao marido levado pela Gestapo há 15 anos e declarado "desaparecido". Ei-la

---

[1] Uma tão longa ausência (*Une aussi longue absence*), de Henri Colpi, França, Palma de Ouro no Festival de Cannes, em 1961. (Nota do tradutor.)

que de repente se tornou sonhadora, desconcertante, parecendo ausente. É que naquele estranho mendigo reconheceu, sem sombra de dúvida, Albert Langlois, seu marido.

No dia seguinte o mendigo passa novamente. Ela lhe oferece um copo de cerveja fresca. Mas ele não dá nenhuma demonstração quando seu olhar se cruza com o olhar pungente de Teresa. Dessa vez, ela o segue de longe quando ele se vai. Mora no cais, no que nem chega a ser um barraco. Vive miseravelmente da venda de papel velho e trapos, que recolhe de manhã nas latas de lixo. Mas reserva para si a parte da tarde; das revistas recolhidas vai recortando fotografias que lhe agradam. Guarda-as cuidadosamente num misterioso cofre de madeira, como se quisesse construir para si uma memória: pois é amnésico; todas as suas lembranças desapareceram na noite do esquecimento.

Teresa não quer revelar-lhe o passado. É preciso que ele mesmo o redescubra. Suas esperanças são grandes: por acaso não são reminiscências do passado que de vez em quando afloram furtivamente nos olhos de seu marido, dando vida por um instante ao seu rosto grave, que continua belo por debaixo daquela barba mal cuidada?

Toda a história é interior, a história dos sentimentos de Teresa durante alguns encontros com o mendigo... Um dia ela lhe oferece um bom jantar, somente os dois, com champanhe, ao som de discos que ele ouve com uma estranha atenção, como se acordassem nele longínquos ecos, e acaba dançando com ele. Na verdade, um estranho par: ela com seu melhor vestido; ele com suas miseráveis roupas esfarrapadas. Esses prodígios de delicadeza e de amor conseguem naquela noite fazer nascer um pouco de alegria e de doçura naquele coração de homem pronto a se enfurecer por muito pouco.

Ele se vai. Ela fica olhando enquanto ele se afasta na noite, acabrunhada por não ter sabido fazer um milagre... "Albert Langlois!", o grito escapa-lhe como um pedido de socorro. Alguns fregueses do café, que conversavam na calçada, gritam também: "Albert Langlois! Albert Langlois!" Em pânico, o mendigo foge correndo, mas depois bruscamente, como que alucinado, volta-se e ergue os braços — figura impressionante — lembrando o prisioneiro que se entrega, mas também o homem em oração, o Cristo sobre a cruz... Depois retoma sua corrida louca. Os amigos de Teresa perseguem-no. Ele se atira contra um caminhão que vem em sentido contrário.

O próprio motorista vem dizer a Teresa que o acidente é sem gravidade. Amigavelmente, mas sem sucesso, aconselha que abandone as esperanças. Teresa está disposta a tentar de tudo para libertar do abismo a alma de seu marido.

É tudo: poucos fatos, uma ação reduzida a quase nada, imagens de um arrabalde pobre — muito sugestivo aliás — e atores de desempenho sóbrio. No entanto, nossa atenção está continuamente presa, e na sala reina um silêncio incomum.

Em nenhum momento mostra-se mais a grandeza do amor de Teresa do que por ocasião da visita do primo e da tia de Albert Langlois. Nesse momento, no café, com Teresa eles evocam nomes e lembranças, na esperança de despertar a memória do mendigo sentado à mesa ali perto. Mas ele continua impassível, pelo menos não demonstra nada. O primo e a tia nem o reconhecem, enquanto que Teresa não tem nenhuma dúvida. Exatamente porque o olhar do amor vê o que escapa a qualquer outro olhar. Para dizer a verdade, a tia e o primo nem estão muito interessados em reconhecê-lo: "Aliás, diz a tia, isso seria terrível". De fato, um mendigo não é parente que interesse!

Se é ele, mesmo assim não é ele. É o que pensam os outros, mas não Teresa. É exatamente isso que nos comove: ela amou com esse amor, o único verdadeiro, que se prende não às aparências físicas, nem mesmo às qualidades humanas, mas àquilo que há de único no outro, ao seu misterioso rosto interior. Ora, nós o compreendemos, esse amor não está à mercê de uma decadência física ou mental: tudo pode ter mudado no ser amado, mesmo assim é sempre "ele". E é precisamente "ele" que é amado.

Esse belo poema de amor não é triste, pois não podemos deixar de pensar que o amor de Teresa terá a última palavra.

# A inocência do olhar

Existe uma cegueira da alma que é fatal para o amor. Olhamos, mas com olhos mortos, e já não vemos a beleza do ser que tinha conquistado nosso coração. O amor apaga-se como a chama que consumiu todo o azeite da lâmpada. Porque o amor alimenta-se de beleza. Para fazer o amor renascer, basta descobrir novamente a luz desse rosto, a comovedora boa-vontade desse coração. Mas para isso, como disse Ruskin[2], será preciso "reencontrar a inocência do olhar".

Quem não a perdeu, aquele ou aquela cujo amor guardou a juventude primaveril, que a proteja com ciúmes!

Nós a podemos reconhecer, essa inocência, pela capacidade que tem de se surpreender, como é tão natural para as crianças. Elas não são emproadas. Nem uma tecla de seu piano interior está muda; cada criatura, cada acontecimento faz vibrar uma nota. Toda a beleza faz cantar o cristal de sua alma.

Elas têm, ao lado dessa capacidade de se surpreender, um poder, ao que parece infinito, de se maravilhar. Nas crianças, a entrega do coração é consequência direta de um coração maravilhado. Pensando bem, a admiração

---

[2] JOHN RUSKIN (1819-1900) inglês, artista, cientista, poeta, filósofo. (Nota do tradutor.)

já não seria um dom? Os corações avaros não sabem admirar-se: a admiração é um luxo que não se concedem.

É preciso tornar-nos semelhantes às crianças, diz o Cristo, se queremos entrar um dia no reino dos céus — e se não queremos ser excluídos desde já do reino do amor. É preciso que, como as crianças, saibamos ficar surpresos e maravilhados diante de quem amamos. Isso exige de nós um contínuo esforço de busca e uma insaciável curiosidade. É claro que não a curiosidade indiscreta, que é violação da intimidade, o arrombamento do segredo alheio, mas essa curiosidade de amor, como a de Duhamel[3] diante de seu filhinho: "Estou inclinado sobre um abismo, sobre um mundo soterrado. Interrogo a sombra de um olhar e, às vezes, aí deixo cair uma pedrinha para despertar o eco das profundezas".

Nosso amor para com Deus segue a mesma lei que os nossos amores humanos. Se a contemplação, que é uma atenção ardente do espírito e do coração, não o renova, bem cedo fenece.

A Maria, cheia de graça, é que devemos pedir a inocência do olhar. Ela nada pode recusar à nossa confiança de crianças, pois que nos ama ternamente, percebendo em cada um de nós, ainda que fôssemos os piores dos pecadores, uma beleza da qual talvez tenhamos perdido até a lembrança: essa imagem de Deus, mais ou menos soterrada, mas indelével, e que só podemos descobrir com uma grande pureza do olhar.

---

[3]GEORGES DUHAMEL (1884-1966). (Nota do tradutor.)

# Um olhar que escuta

*N*este verão, durante um passeio no bosque, meu amigo Alain B. falou-me longamente daquela que perdeu há cinco anos. Eu não estava preparado para isso, pois, desde a morte da mulher, fechara-se numa atitude reservada, quase esquiva, sobre seus anos de casamento, mesmo para com seu mais velho amigo. Mas como eu mencionasse calorosamente sua influência intelectual, sua grande notoriedade como crítico literário, interrompeu-me bruscamente: "Sou o que ela me fez", quase gritando (como se uma exigência de justiça o obrigasse a não guardar somente para si sua admiração). Diante de meu silêncio de interrogação, e para que eu não atribuísse sua reflexão a uma falsa humildade, ele me fez um retrato muito atraente daquela que, durante oito anos, foi esposa e amiga excepcional. Ao voltar para casa, anotei imediatamente o que me dissera. E, encontrando agora essas anotações, penso que não será inútil dar a conhecer esse perfil de mulher. Quem sabe se, olhando para ela, um ou outro de meus leitores não irá também aprender a arte da escuta?

    Ela possuía um dom muito raro: o de escutar. Mostrava um interesse muito grande por tudo quanto lhe diziam.
    Era característica sua atitude física quando conversávamos. Alguns estão sempre como que prontos a saltar

para agarrar uma ideia e desenvolvê-la se possível. Ela não. Solidamente sentada em sua poltrona, como se fosse pesada, muito pesada, estava totalmente atenta. Seu olhar inteligente, compreensivo, interessado, extraordinariamente atento, não vinha ao meu encontro, mas se mostrava pronto para a acolhida, sedento por acolher.

Se essa não é a mais alta forma de amor, certamente é uma das mais altas, essa avidez pelo pensamento do outro.

Algumas mulheres reclamam que seus maridos são muito silenciosos: será que eles poderiam continuar assim se elas também soubessem escutar?

Ela não escutava somente com a inteligência mas com todo o seu coração. Como terra fértil que espera as sementes.

Eu não apenas lhe interessava, eu a fazia viver. Era como se eu fosse um criador. Criador de uma inteligência, de uma alma, de alegria.

Ela poderia replicar, continuar um pensamento que eu lhe apresentava, devolvê-lo enriquecido e aprofundado. Mas isso não fazia parte de seu temperamento. De qualquer pensamento ela fazia sua vida, porque qualquer pensamento atingia imediatamente o mais profundo de seu ser, sem ficar no nível da inteligência.

Talvez você seja tentado a pensar que estou a me vangloriar. Não, não é isso. O mérito era todo dela: o que em mim não passava de uma ideia, nela transformava-se em vida. Essa é a forma mais perfeita da compreensão.

Para dizer a verdade, minhas melhores ideias a ela é que as devia. Eu as lia em sua alma, como que nela gravadas; quero dizer que os questionamentos, as aspirações, as expectativas que eu descobria em seu ser silencioso, faziam nascer em mim as respostas que ela esperava. Eu julgava o valor das minhas respostas pela luz e pela alegria que via desabrochar em seu olhar.

Seria ainda mais exato dizer que os pensamentos vinham nem dela nem de mim; nasciam da união, do casamento de nossas inteligências, e mais ainda, do casamento de uma inteligência e de uma alma. Trata-se de uma fecundidade intelectual que é fruto do amor.

Esse tipo de diálogo exige certo estado de graça. Às vezes ele faltava, e então não insistíamos. Somente um esforço de humildade e de amor permite recuperar esse estado de graça. E tenho de confessar que a maior parte das vezes eu é que tinha de fazer esse esforço.

Talvez você até pense que o fato de eu ser um mestre tão bem ouvido me tenha feito singularmente vaidoso. Não creio. Acho antes que ela me curou desse mal. Pois ela me fez descobrir a seriedade da atividade do espírito e a vaidade das especulações brilhantes, e que eu tinha de pesquisar e de aprofundar a verdade com essa atenção e essa humildade de que me dava o exemplo. Principalmente me fez compreender que não são os pensamentos dos homens que importam, mas que estejam prenhes do pensamento de Deus.

Em sua presença, acontecia-me calar uma ideia que me tinha vindo à cabeça: o que eu tomara por uma ideia não passava de retórica e de eloquência, eloquência à qual se deve torcer o pescoço.

Se tenho alguma lealdade intelectual, é a ela que a devo, pois ela detestava moeda falsa.

Não dizia: "Não estou de acordo", mas: "Não estou compreendendo". Quase sempre era obrigado a descobrir que tomara uma pista falsa.

Dizia-lhe: "Você é meu diapasão". Não deixava de denunciar nenhuma nota desafinada.

Se meus artigos de crítica têm hoje em dia algum valor, é que com ela aprendi a ouvir e a compreender.

A insistência com que meus amigos reclamavam sua presença durante nossas conversas prova que eles também se sentiam maravilhosamente estimulados por sua presença, quase sempre silenciosa no entanto.

Certas inimizades para com ela, pouco numerosas, aliás, explicavam-se por sua honestidade intelectual, que deixava pouco à vontade os palradores brilhantes, os de mera aparência e os puramente cerebrais.

E desde que não mais está a meu lado, basta-me erguer os olhos para encontrar seu olhar cálido e atento; está sempre diante de mim. Continua sendo a companheira insubstituível.

Das tantas coisas que seu amor me ensinou, a melhor sem dúvida nenhuma é a oração. Fez-me compreender que orar consiste em estar disponível, em atitude de acolhimento, presente a Deus presente. Um olhar e um coração que escutam. Quantos que, ao orar, não passam de faladores.

# Essa paixão que devora

Minha senhora, refleti longamente sobre o que me disse durante sua visita. E pouco a pouco se impôs a mim a convicção que é difícil sua vida de casada, que sua união, tão luminosa quinze anos atrás, mudou de figura, e que seu verdadeiro problema não é o que imagina. Não nego que seu marido tenha culpa, mas creio que a senhora se engana quanto à causa verdadeira desse estado de coisas. Não é contra o amor nem contra seu marido que a senhora deve reclamar. O amor, tal como o concebe, não pode deixar de ser decepcionante. Está exigindo de seu marido o que lhe é impossível dar: o absoluto. O absoluto do amor, da felicidade.

A senhora faz-me lembrar Berenice, a heroína do *Aurélien*, o romance de Aragon. Ela "queria a todo o custo encontrar afinal a encarnação de seus sonhos... O infinito no finito". A tal ponto que chegou a destruir o homem de quem exigia esse infinito; seu ardor consumia o imprudente que dela se aproximasse.

Aragon tenta explicar essas psicologias não apenas incômodas mas destruidoras: "Existe uma paixão tão devoradora que nem pode ser descrita. Devora quem a contempla. Quem se deixa prender por ela, está perdido. Não é possível experimentá-la e depois voltar atrás. Basta seu nome para nos fazer estremecer: é o gosto do absoluto. Diríamos que é uma paixão rara, e os amantes frenéticos da grandeza humana até diriam: infelizmente. Não nos enganemos, porém. É mais comum do que a gripe... E não existe microscópio para examinar seu micróbio, nem sabemos isolar esse vírus que, por falta de nome melhor, chamamos de gosto do absoluto..."[4]

Para dizer a verdade, se damos crédito a Aragon, essa paixão tem formas muito variadas, mas sempre o mesmo sintoma: "Uma incapacidade total de ser feliz". Essas pessoas, segundo ele, são inaptas para a felicidade. "Quem tem o gosto do absoluto renuncia por isso mesmo à felicidade. Que felicidade poderia resistir a essa vertigem, a essa exigência sempre renovada?"

Mesmo tendo bem observado os sintomas, Aragon parou em meio ao caminho, sem chegar à verdadeira causa. Vê uma doença acidental da alma nesse gosto do absoluto, que reconhece tão largamente espalhada no mundo. Teria sido mais simples, e mais lógico também, procurar saber se essa fome de absoluto não seria afinal um elemento constitutivo da alma humana, uma aspiração inata, se não existiria em seu estado latente, como fogo debaixo da cinza, mesmo nos seres em que à primeira vista não a percebemos.

Quanto a mim, não tenho dúvida que o gosto do absoluto seja uma *fome de Deus*, inscrita no coração de todos os seres humanos. Essa fome é a própria definição do homem: é a substância humana que está faminta, que *é* fome de Deus. É por isso que eu lhe dizia e repito: o verdadeiro problema não está entre a senhora e seu marido, mas entre vocês e Deus. Encontrem a Deus, entreguem-se a Ele, e sua vida será transformada. A senhora já não

---

[4] Louis Aragon (1897-1982), Aurélien, Éditions Gallimard, 1945. (Nota do tradutor.)

será mais essa mulher sempre insatisfeita com os outros (e consigo mesma), impaciente sem saber por quê.

Aragon acha que o ser humano, dominado pelo gosto do absoluto, "destrói, por uma raiva voltada sobre si mesma, o que lhe poderia trazer contentamento". Ele tem razão ao pensar que uma esposa, atenazada por essa paixão, necessariamente irá destruir o marido com sua exigência insaciável; mas engana-se ao pensar que esse marido poderia ser o "contentamento" dessa mulher. O finito não pode satisfazer um desejo infinito. No plano conjugal não há solução possível para esse tipo de pessoas. No entanto, seria falso afirmar que são incapazes de qualquer felicidade a menos que seja infinita. A paixão do absoluto não é incompatível com as felicidades que não são a felicidade de Deus.

Igualmente falso seria pretender que elas gostam do sofrimento. Parecem estar contentes com seus tormentos, mas essa aparência é enganadora. O que não se pode negar é que elas estão convencidas que estariam renegando sua própria alma se se contentassem com felicidades medíocres. Não foi exatamente essa convicção que arrancou dos grandes românticos alguns de seus gritos mais pungentes? Os seres devorados pela paixão do absoluto enganam-se ao pensar que existe sobre a terra um objeto digno de seu amor. Somente Deus é absoluto, somente ele pode apagar a sede de absoluto. Que peçam pois só a Deus o que só Deus lhes pode dar.

Já estou adivinhando o que a senhora irá dizer-me: "Meu marido, no começo de nosso casamento, contentou-me plenamente". É que então lhe bastava um amor limitado. Ou melhor, esse amor todo novo, surgido em sua vida, trazia-lhe uma alegria nova e, no meio de todo esse deslumbramento, a necessidade do absoluto, que dormitava em seu coração, não se manifestava. Não tardou porém a se manifestar e a crescer. Não, como a senhora imagina, sob o impacto da decepção, mas exatamente graças ao amor de seu marido. Em vez de acusá-lo, a senhora deveria abençoá-lo por ter despertado sua alma profunda, de tal maneira que de agora em diante nada, senão Deus, será capaz de a satisfazer.

No dia em que sua necessidade do absoluto tiver encontrado seu rumo em direção a Deus, a senhora já não será para seu marido esse fogo impiedoso que destrói, consome e arrasa, mas água viva que dessedenta, refresca e reconforta. E o mesmo acontecerá com todas as pessoas, não apenas com as que lhe são caras, mas também com as medíocres, que tanto a irritam hoje em dia. Não que a senhora vá tornar-se insensível ou desiludida, mas já não pensará em procurar o absoluto nos seres humanos. Pelo contrário, a senhora irá pensar nessa felicidade, nessa paz, nessa plenitude que o amor de Deus gostaria de lhes dar desde agora; ao ver quanto estão longe disso, a senhora haverá de aproximar-se deles com uma ternura profunda e forte, compassiva e toda banhada de muda oração, dessa "muito doce piedade de Deus" que é uma das características mais atraentes do cristianismo russo.

# As atualidades do coração

*Um jovem casal amigo apresentou-me sua situação, se não desesperadora, pelo menos muito inquietante. Um e outro tinham-se comprometido entusiasticamente com o casamento, certos que amar era muito simples. Três anos depois aí estão eles à beira do fracasso, por não terem refletido sobre as exigências do amor.*

Depois dessa conversa, perguntei-me o que é que torna viva, sólida e sempre mais íntima a união dos esposos. A confiança recíproca? a prontidão do amor? a vida em comum? a colaboração?... Não há dúvida, tudo isso contribui; um fator porém pareceu-me primeiro e essencial: o conhecimento mútuo. Que cada um saiba confiar ao outro seus sentimentos, pensamentos, aspirações, decepções, penas e alegrias, e cada um acolha plenamente o que outro revela de si mesmo; essa reciprocidade, esse ir e vir do diálogo, é isso que gera a comunicação em profundidade, indispensável para a vida e para o crescimento do amor. Quando falta a procura desse conhecimento mútuo, o amor não sobrevive muito tempo.

Esse conhecimento deve necessariamente ser *atual*. O conhecimento que se teve do outro no tempo do noivado, ou no começo do casamento, não é esse que faz viver o amor de hoje. Conhecer-se "de cor", isso não existe no amor: não existe amor vivo, a não ser que a cada instante um reflita a vida do outro, como o lago reflete o céu, o jogo da luz nas nuvens, as árvores da margem, o voo dos pássaros que passam... O lago não reflete a paisagem de ontem.

De fato, não é fácil ser todo atenção para o outro, para as *atualidades de seu coração*; nem é fácil expressar para o outro o que se passa no próprio coração, e que nós mesmos temos tanta dificuldade em compreender. Mas quando aqueles que se amam teimam em partir sempre de novo para a descoberta do cotidiano do outro, fazem a experiência de um amor vivo e jovem, novo cada dia, e sua união ganha solidez à medida que se aprofunda.

Por mais curioso que isso possa parecer, a conversa com esse jovem casal e as reflexões que suscitou em mim ajudaram-me a compreender a fonte de certas dificuldades encontradas no momento da oração. Sendo a oração uma relação de amor do cristão com o Cristo, que haverá de surpreendente se os progressos e as dificuldades encontradas têm analogias com os progressos e as dificuldades da vida conjugal?

Quando a oração é morna, anêmica, sem vida, será que a causa não estaria no conhecimento deficiente? Conhecemos o Cristo dos Evangelhos, suas ações, seus gestos, seus ensinamentos e suas confidências; mas será que o conhecemos tal como é hoje em dia? Quando nos entregamos à oração, será que não nos contentamos com lembrar o que ele pensou, disse e viveu outrora? Não é com Cristo de vinte séculos atrás que nos relacionamos, em vez de nos relacionarmos com o Cristo de hoje? Por que não procuramos de fato conhecer como ele é hoje: seus desejos, seus sentimentos para conosco, seus pensamentos sobre a Igreja e o Mundo, numa palavra: *as atualidades de seu coração!* Evidentemente isso supõe que saibamos o quanto ele está ansioso por nos associar à sua vida interior atual, desejando imensamente desposar o que hoje faz nossa alegria e nossa dor, nossos amores e nossas lutas.

A oração é comunicação profunda entre o cristão e Cristo. E a comunicação para ser verdadeira, viva, fecunda, exige absolutamente que ambas as pessoas se conheçam nas atualidades de seus pensamentos, de seus sentimentos, de sua vida.

## Ter coragem de ser feliz

Conheci muito bem, há alguns anos, um jovem casal que, depois de apenas três anos de casamento, seria desfeito pela morte acidental da esposa. O sofrimento do marido era atroz, tanto mais que pensava não ter sabido fazer a felicidade daquela que perdera.

Era uma jovem esplêndida, muito viva, sensível, hipersensível. Ele, oito anos mais velho, era também um homem bastante excepcional sob todos os aspectos. Ela preocupava-se continuamente por não o amar como gostaria; isso a fazia infeliz.

Depois de a perder, ele me confidenciou: "Ela não era capaz de ficar sem me perguntar muitas vezes durante o dia: 'Você sabe que o amo?'. Ou então: 'Que é que eu posso fazer por você?'. E depois de qualquer gesto menos feliz: 'Você não está com raiva de mim?'. Nos primeiros tempos de nosso casamento eu achava muito comovente esse amor sempre temeroso e tão sincero. Mas bem depressa acreditei perceber uma ansiedade latente por detrás dessas palavras. Uma noite, ela ainda estava toda triste porque o almoço atrasara vinte minutos. Quase sempre, depois de se terem ido os amigos que nos tinham visitado, ela me dizia, toda dolorida: 'Não sou o que você merecia, não é verdade?', quando na verdade todos a admiravam e amavam.

Muitas vezes, no começo da noite, quando estávamos sozinhos em casa — essa casa que amávamos tanto — eu tocava um de seus discos preferidos e dizia-lhe: 'Como gostaria que estas poucas horas fossem para minha amada um pedacinho do céu, sem nuvens, sem preocupações, cheias de gratidão para com Deus pelo maravilhoso amor que nos deu! Será que você percebe a alegria profunda que encontro em você?' Essas palavras faziam-na feliz, e ternamente se abandonava em meus braços. Mas isso não durava muito tempo. Bem depressa vinha novamente à tona a inquietação: 'Será que você não diz isso só para me contentar?' Ela não tinha coragem de ser feliz. O amor que eu lhe dedicava, tinha certeza de não o merecer, e nele não via senão a esmola de um coração generoso.

Em sua pergunta tantas vezes repetida: 'Que eu poderia fazer por você?' eu imaginava perceber a mola profunda de sua psicologia. 'Por que, dizia-lhe eu, você quer sempre *fazer*? Ser, ser você, você para mim — você não pode fazer nada de melhor para me contentar. Não é o que você faz, mas o que você é que me dá essa felicidade tão grande.' Quantas vezes tive a impressão de a ter convencido: seu olhar mostrava a alegria da criança perdida, trêmula ainda, que acaba de encontrar os seus. Mas, bem depressa tinha de reconhecer que eu tinha ao meu lado um coração ansioso, que nada podia tranquilizar. Ela não tinha coragem, ela não podia pura e simplesmente ser feliz".

Muitas vezes, diante de um cristão que, durante a oração, não tem coragem de ser feliz com Deus — e há

29

tantos! — tenho vontade de lhe passar as confidências desse meu amigo e concluir: essa mulher é você. Igual a ela você também não tem coragem de ser feliz, sendo que tem as razões mais indiscutíveis para o ser: o Deus Todo-Poderoso, criador seu e de todas as coisas, ama você divinamente, quer dizer: infinitamente, e ama você desde toda a eternidade, e ama pessoalmente; é claro que deseja que você seja santo, mas, enquanto espera, ama você tal como você é. A todo instante está olhando para você com infinita ternura.

Por favor! Não passe todo o tempo da oração a se lamentar e a se arrepender! E não recuse a Deus a alegria de ter o filho que Ele ama e quer acarinhar.

Cuidado: há o perigo de você ficar o tempo todo contemplando o que em você ainda não foi purificado, todas as motivações muitas vezes imperfeitas de seus atos, todas as suas fraquezas. E, por isso mesmo, de deixar de contemplar o esplendor do rosto de seu Deus, desse rosto onde poderia ler um amor capaz de submergir todo o coração humano, todos os corações de todos os homens e de milhões que ainda nem existem.

Não o estou convidando a deixar as coisas correrem. Simplesmente desejo que não deixe seu arco esticado da manhã à noite, que não esteja continuamente ocupado em *fazer*, fazer sempre mais, fazer sempre melhor. É preciso que na vida interior do cristão, principalmente na hora da oração, haja um equilíbrio entre o *fazer* e o *deixar-Deus-fazer*, entre *amá-lo e deixar-se amar,* entre *fazer* e *ser, ser-oferta, ser-entregue-ao-fazer-de-Deus.* Desse Deus do qual nos diz o Deuteronômio: "O Senhor alegra-se quando você é feliz" (30,9).

## Um leão a rondar

Esse leão à procura de presa, a rondar rugindo, e contra o qual São Pedro nos previne em sua primeira carta (1Pd 5,8-9), pode ser o demônio do adultério. Cuidado; um dia ou outro há o risco de ele irromper em sua vida de homem (ou de mulher) fiel, virtuoso e tranquilo. Às vezes tranquilo demais. Essa tranquilidade não deixa de trazer consigo boa dose de ingênua presunção, pelo menos se eu acreditar nas reflexões que ouço: "Quando eu iria imaginar que isso fosse acontecer em um lar como o nosso?...", suspirava a mulher que acabara de ficar sabendo da infidelidade do marido. "É um pecado indigno de mim", fazia questão de salientar aquele homem antes de se confessar.

Deus permite que os seus sejam tentados. Veja Adão e Eva, Davi, Pedro; escute a misteriosa palavra de Jesus a esse último: "Simão, Simão, eis que Satanás pediu permissão para peneirá-lo como se peneira o trigo..." Temos de ver nisso um dos recursos da pedagogia divina. É ocasião oferecida ao homem para firmar sua fidelidade, um convite a um amor maior.

Contar com a tentação é realismo. Saber-se vulnerável é humildade. Pensar que seu cônjuge também é vulnerável, é bom senso. Alguns irão reagir: "Mas eu tenho plena confiança nele!". Que olhem um pouco mais atentamente e talvez irão descobrir que essa confiança é um álibi, que mascara a preguiça de um coração que gostaria de ser dispensado da vigilância e desse esforço contínuo exigido pelo amor. Estão a tal ponto seguros de seu cônjuge como daquele velho bufê na sala de jantar, estável, familiar, indestrutível. Mas, infelizmente (!) ele ou ela não são um bufê! Ah, se fossem ciumentos! Não, é claro, desse ciúme mesquinho que rói os corações, mas desse ciúme de amor (pois existe um ciúme que é qualidade do amor) que mantém acordado, faz vigilante, e convida a proteger a pessoa que amamos.

Sem esse ciúme de amor, você está dando oportunidade àquele que ronda. E que não é um ser de carne e sangue, mas o "Príncipe das Trevas". É claro que, de acordo com sua tática habitual, ele sempre interfere usando outra pessoa, mas é bem contra ele que temos de nos prevenir. E para nos prevenir o meio privilegiado é a oração. "Estejam vigilantes e orem...": o Cristo é muito claro.

A oração, porém, não dispensa do combate: é preciso combater, combater a dois, marido e mulher juntos. Quero dizer que é preciso defender, manter, aprofundar o amor conjugal, pois, você sabe muito bem, o amor não é uma sorte grande caída do céu, mas uma conquista cotidiana. Ora, quem diz conquista diz combate. Quem se recusa a combater bem depressa verá reduzida sua capacidade de resistência. O que é tanto mais danoso quanto mais favorece uma falsa segurança: com a ajuda da inércia, durante algum tempo parece que nada está mudando. É que o diabo é paciente, não lança ataques bruscos, sabe esperar, às vezes muito tempo, até que o caruncho tenha feito seu trabalho, e então com um piparote derruba o lar. E esses amores longamente descuidados raramente conseguem recuperar-se depois da queda.

A descoberta de lares que, depois de quinze, vinte ou trinta anos, ainda vivem o amor como no primeiro dia, e até melhor que no primeiro dia, leva à mesma conclusão da necessidade da luta. Observei esses lares e fiz perguntas. Queria descobrir seu segredo. Segredo simples: esses esposos não enfrentaram menores dificuldades ou menores tentações que os outros, mas jamais escolheram o lado da tibieza, da mediocridade, do fracasso; seu mérito, sua vitória foi lutar sempre, dia após dia. São privilegiados? Não. Mas são lutadores. E Deus está com aqueles que lutam pelo amor.

Mais uma vez, já esperava por isso, vão acusar-me de fazer o casal voltar-se sobre si mesmo, e de apresentar o amor conjugal como um fim. Certamente irão dizer: "Convide os casais a se esquecer, a se doar, a engajar-se generosamente nas tarefas urgentes que os solicitam. A palavra evangélica não se aplica também ao amor: quem o perde, salva-o, quem o quer salvar perde-o?" Nisso eu farejo um sofisma. É claro que eu creio na necessidade do engajamento, mas creio também, ou melhor, constato todos os dias que o marido — ou a mulher — que não se apóia sobre um amor sólido como a rocha é terrivelmente vulnerável na ação. Quantos desses homens e dessas mulheres eu vi abandonar o serviço da Igreja depois de anos de vida militante! A explicação: uma ligação mais ou menos secreta. Não há melhores militantes para a Igreja e para a Cidade do que aqueles que, em primeiro lugar, militam em seu lar, pelo triunfo do amor e da graça.

## Carta para a Senhora X

Quantos lares formados levianamente, sem que a simples razão tenha sido levada em conta, sem que Deus tenha sido consultado! Como espantar-nos, então, que sejam instáveis e facilmente desmoronem? Será que todos os casais que enfrentam dificuldades não estavam nos planos de Deus? Certamente que não. Seria ingênuo pensar que tudo quanto está baseado na vontade do Senhor será necessariamente um êxito humano. A vontade de Deus, com efeito, é a redenção dos homens e não em primeiro lugar sua felicidade terrestre. Nessa ótica deve ser lida a carta seguinte.

Trata de uma situação particular; pareceu-me porém que essa situação traga uma lição útil para muitos.

Minha Senhora:

A seu pedido, vou tentar escrever o que lhe dizia esta manhã. Mas é difícil. Há coisas que compreendemos e dizemos porque temos diante de nós alguém que nos obriga a compreender e a dizer, uma necessidade que arranca de nós as palavras convenientes. Essas palavras, depois é difícil encontrá-las novamente.

Esforce-se, dizia-lhe eu, para descobrir o pensamento e os sentimentos de Deus sobre a senhora. "Isso não seria presunção?", perguntou-me. Sem dúvida, o ser humano abandonado a si mesmo jamais chegaria a isso. Mas o Filho de Deus foi-nos enviado precisamente para nos trazer a palavra decisiva, que nos permite entrar nos pensamentos e nos sentimentos de Deus: Deus é *Pai*, nosso Pai. Esse Pai, há uns 25 anos, olhava com inquietação para um de seus filhos, pobre criança fraca que já passara por tristes experiências. Ele a amava, essa criança infeliz, mais doente do que pecadora, inclinada para o mal pelas faltas de seus antepassados. Querendo salvá-lo, procurou a mulher que seria aliada dele, de Deus, para trabalhar nessa difícil salvação. E o Pai veio procurá-la. Sua mão, pode crer, tremeu antes de bater à sua porta, antes de pôr sua filha nessa terrível aventura, na qual não conhecerá a felicidade elementar que qualquer jovem esposa pode pretender, aventura na qual arriscava soçobrar de corpo e alma. No entanto, ele ousou bater, ousou esperar que haveria amor bastante no seu coração.

Com que terna solicitude comprometeu-se ele aquele dia, sem que a senhora nem se desse conta, a ajudá-la na perigosa empresa à qual a arrastava!

E a vida horrível com esse homem começou e continuou durante alguns anos. Depois, um dia, ele a abandonou humilhada e insultada. Ele a enganou em todos os sentidos da palavra. Veio uma sucessão interminável de anos de vida solitária, enquanto ele ia passando dos braços de uma mulher para os de outra, sempre enganado e explorado... Tudo isso trouxe para a senhora o sofrimento absurdo, ao qual não se pode nem dar sentido, as tentações e o desequilíbrio psíquico sempre possível. Para a mulher, que sente tão fortemente a necessidade de ser "alguma coisa para alguém", que confusão já não ser nada para ninguém!

Nem mesmo o conforto de poder fazer de tanto sofrimento uma verdadeira oferta a Deus. Na verdade, uma vida perdida! — Sim, aparentemente. Se é verdade que então a senhora nem conseguia fazer de seu sofrimento uma oferta a Deus, é também verdade que hoje todos esses sofrimentos, todos esses galhos secos que a senhora se abaixa para recolher podem transformar-se numa chama ardente, a chama do sacrifício que sobe a Deus e resgata.

A senhora hesita em crer nessa estranha vocação. Encontrar uma razão para viver é coisa tão nova para a senhora!

"Será que valem alguma coisa todos esses anos passados, se houve também desfalecimentos?", perguntou-me a senhora entre medo e esperança. Como essa pequena pergunta — e nem preciso saber o que está escondido na alusão que ela contém — me perturbou profundamente! Desfalecimentos... Que fazem parte desse tesouro de pobreza e de sofrimentos que está em suas mãos para poder fazer dele uma oferta ao Senhor.

Foi então que surgiu a pergunta que, sem dúvida, a trouxe até mim: "Será que estou fazendo tudo o que devo fazer se me contento de orar por ele? Agora é mais ou menos como um assunto arquivado. Está certo? É preciso que eu ainda esteja pronta a ajudá-lo no plano humano se a ocasião se apresentar, o que não é impossível? Mas então, que será deste pouco de equilíbrio que afinal reencontrei...? E como custou!" Não precisei dar-lhe resposta. A senhora compreendeu o desígnio de Deus, chorou mansamente lágrimas que diziam "sim" ao Pai.

Fiz depois alusão ao sacramento do matrimônio e às suas graças. "Nosso casamento, continuou a senhora fogosamente, jamais se pareceu, nem um pouco, com essa união de Cristo com sua Igreja, da qual o senhor diz o casamento é imagem!" Mas seu casamento não é exatamente essa presença do Cristo que, na senhora e através da senhora, durante anos se recusou a abandonar esse homem que lhe queria escapar, afundar-se no pecado, sem mais poder contar com amor de Deus, e por isso mesmo podendo voltar-lhe as costas sem remorsos? Como seu casamento estranhamente se parece com a união do Cristo e da humanidade pecadora e infiel! Ah, se a senhora soubesse adivinhar a gratidão de Deus! Se pudesse agradecer a Deus, que um dia teve na senhora essa terrível e divina confiança! Que quer a senhora, se ele amava a tal ponto seu pobre filho pródigo? Tinha de encontrar um coração de mulher que compreendesse e aceitasse partilhar seu louco amor.

## Adolescentismo

"Foi um ano decisivo", respondeu meu amigo a quem eu pedia notícias suas. "Tornei-me o melhor dos maridos e um pai modelo." Seus olhos brilhavam de malícia. "Vou contar minha conversão, desde que se comprometa a não me trair." Prometi. E ele continuou: "Há uns dezoito meses convidaram-me para fazer uma palestra aos pais dos alunos do colégio de R..., onde estudam meus filhos. O tema: A adolescência. Pus-me a trabalhar com afinco e folheei muitas obras sobre a questão. Bem depressa me pareceu que os diversos comportamentos adolescentes se explicam pela sua necessidade fundamental de se proteger, de se afirmar, de afirmar uma personalidade em formação. Sua oposição às ideias alheias não é senão uma maneira desajeitada de fazer valer sua personalidade; e quando não deixamos que se expresse, seu mutismo é outra forma de oposição. Ciumento de sua autonomia, protege-se das influências e pressões: tem radares ultrassensíveis que o previnem de qualquer tentativa de invasão de uma vontade estranha. O não conformismo de suas maneiras trai sua vontade espantadiça de independência, e quando se deve dobrar diante do que 'é costume', seu mau humor proclama que sua alma, pelo menos ela, não se dobra. O adolescente 'cultiva sua diferença', segundo a expressão de Gide".[5]

---

[5] ANDRÉ GIDE (1869-1951). (Nota do tradutor.)

"Enquanto redigia minha conferência, um demônio maligno sussurrava-me uma pequena pergunta irônica e incômoda, tão difícil de afastar como as moscas nos dias de tempestade: 'Isso não lhe diz nada?' Tive de render-me à evidência: os traços do caráter adolescente que iam surgindo sobre o papel punham-me diante dos olhos meu próprio retrato. De fato, quantas vezes, depois de dezesseis anos de casamento, minha mulher não me jogou no rosto meu espírito de contradição! Minha intolerância com aqueles que não pensam como eu, minha hipersensibilidade sempre pronta a ver um *casus belli* em qualquer intervenção de outros, meu silêncio enfarruscado por detrás do jornal, que às vezes nem estou lendo, e as manobras diplomáticas de minha mulher para me deixar crer que a decisão é minha: provas e mais provas, irrecusáveis, que sou um adolescente. Ri-me sozinho ao perceber isso de repente. E, por incrível que pareça, senti-me libertado. Estou 'descomplexado'. Desde então meu relacionamento com a mulher e os filhos é descontraído, positivo, otimista."

Essa confissão de meu amigo foi esclarecedora para mim. Nos desencontros dos casais, que antes era tentado a atribuir a defeitos de adultos, aprendi a discernir muitas vezes os sinais de uma adolescência mal superada, sinais de um "adolescentismo".

Às vezes, e era o caso de meu amigo, a psicologia juvenil foi ultrapassada há muito tempo, mas nem por isso nos libertamos totalmente de comportamentos adolescentes, assumidos no início do casamento para proteger uma personalidade ainda frágil e vulnerável. Basta aparecer uma ocasião — uma conferência sobre a adolescência! — e a cobra deixa sua velha pele à beira do caminho. Mas, é preciso ser lúcido, franco, corajoso, o que não é o caso de muitos. Meu amigo disse-me: "Pouco faltou para que eu fincasse o pé, para que eu me justificasse, e então sem dúvida minha personalidade estaria para sempre falseada".

Muitas vezes não se trata apenas de comportamentos retardados, mas é a própria personalidade profunda que está em causa, emaranhada nas malhas da adolescência. Ela se endurece, crispa-se, range e franze o rosto. Essa personalidade é que precisa ser libertada, ressuscitada, regenerada, reeducada. Como, porém, atingi-la, uma vez que está protegida por detrás de uma personalidade social, toda encouraçada?

É bom deixar claro: não quero dizer que a função social, por si mesma, sufoque ou mascare a personalidade profunda de alguém. Pelo contrário, em certo sentido ela a ajuda a se exprimir e a se expandir: o eterno adolescente, que não se compromete e fica sempre nas encruzilhadas dos caminhos, jamais será um homem. Para a maior parte de vocês, o comprometimento social, o assumir responsabilidades familiares e profissionais é uma etapa necessária, uma ajuda indispensável para a maturidade. Quando falo de "personagem", quero dizer que a personalidade corre o risco de retardar-se e ficar apenas na função social, no seu ambiente, nas suas atitudes, nas suas fraseologias, nos seus tiques, no papel representado. É então que o personagem aparece, torna-se máscara e refúgio para as personalidades fracas e imaturas. Como consequência, quantas falsas aparências vemos em homens de negócios (íntegros!), em paroquianos (modelos!), em sindicalistas (incansáveis!). Para se garantir, a pessoa torna-se excessiva, quando na realidade está apenas enganando-se a si mesma. O personagem entrou na dança e está perfeitamente à vontade no baile de máscaras.

O baile, porém, não dura sempre. Ninguém vive, dia e noite, toda a vida, com uma máscara. Principalmente não em família. De modo especial os filhos bem depressa (e com que prazer malvado) descobrem as falhas na couraça, as barbas falsas, as virtudes postiças. Com isso, para esse eterno adolescente, protegido por armaduras, não existe lugar menos confortável do que o lar. Mas se o lar não lhe é confortável, menos confortável ainda é ele para sua mulher e filhos!

A transformação, é claro, não é fácil porque há sempre o risco de se endurecer ou de se romper. Essa personalidade artificialmente fabricada deve ser primeiro partida, para depois ser refundida. É preciso nada menos que um milagre do amor e da graça. Mas precisamente o amor e a graça, juntos, são capazes desse milagre, desse duplo milagre: descascar, desmontar, quebrar os acessórios da *commedia*, sem no entanto destruir o núcleo ainda vivo, e ao mesmo tempo trazer à luz e fazer amadurecer esse núcleo intato, sem privá-lo de sua necessária função social.

Pena que para os candidatos ao casamento não existam testes que permitam constatar o adolescentismo, para alertar os infectados enquanto o possível ainda é fácil! O simples fato de tomar consciência do problema já seria um primeiro passo em direção da maturidade.

## Cristãos decapitados

Há sempre um risco grave de deixar atrofiar qualquer uma de nossas funções fundamentais, seja de ordem física, afetiva, intelectual ou espiritual. Estou pensando na atrofia da inteligência de certos desportistas, no subdesenvolvimento dos músculos ou da vida do coração de certos intelectuais...

Dessa falta de cuidado nasce um desequilíbrio, uma perturbação da personalidade. O desabrochar do ser humano requer, com efeito, o desenvolvimento simultâneo de *todas* as funções, pois são solidárias e complementares.

A atrofia da inteligência pode encontrar-se em muitos de nossos contemporâneos. Informados pela imprensa, pelo rádio, pela televisão, conhecem uma infinidade de coisas. No ramo de sua profissão, de sua especialidade, possuem conhecimentos aprofundados que sabem aplicar; as *reciclagens*, tão de moda, cuidam aliás da "atualização dos conhecimentos". Mas essa massa de informações ou de conhecimentos práticos exatamente por sua abundância neutraliza a capacidade de reflexão. O conhecimento torna-se passivo e já não é uma atividade do espírito, um esforço de assimilação e de criação. Quando muito fornece soluções-tipo para problemas-tipo. E com isso vemos esses carneiros cevados e balidores, a seguir as correntes de pensamento veiculadas pelos meios de comunicação, tantas vezes até contraditórias. Já não se pensa, ninguém se expressa, todos citam e repetem. Essa atrofia da inteligência encontra-se também no plano religioso. O atingido por esse mal tenta muitas vezes justificar-se. Cheio de desdém, diz referindo-se a quem reflete: "É um intelectual, um cerebral, isso é intelectualismo..." Como se a vida cristã fosse em primeiro lugar questão de sentimento ou de ação! Como se quem estuda ou medita fosse um traidor da causa da humanidade!

Não devemos ver um sinal dessa atrofia na falta de apreço de tantos cristãos pelo estudo da religião, na falta de leituras básicas, na ignorância quase total das Escrituras?

É verdade que a inteligência humana, não menos gravemente ferida pelo pecado original, muitas vezes levou pessoas por caminhos sem saída e, pior ainda, por aventuras aberrantes. Mas estaríamos insultando a redenção se duvidássemos que o Cristo veio para curar nossa inteligência. A fé, dom do Senhor, é uma luz que faz mais do que simplesmente curar: torna a nossa inteligência capaz de participar no conhecimento que Deus tem de si mesmo e de todas as coisas.

As consequências dessa negligência — ou será que deveríamos dizer desprezo — da vida intelectual são numerosas e particularmente graves:

— o enfado que lança as pessoas em múltiplos divertimentos para escapar, dizem elas, da intolerável impressão de solidão;

— a vulnerabilidade dos psiquismos entregues à matilha barulhenta dos cuidados, dos remorsos, das ameaças, das inquietações;

— o declínio, o estiolar-se do amor em tantos casais, já incapazes de partilha no plano do pensamento;

— o declínio do amor para com Deus e da generosidade em seu serviço. Pois não podemos amar nem servir a alguém que não conhecemos. Longe dos olhos, longe do coração... Quantas vezes, no confessionário, ao ouvir a ladainha de pecados, tenho a impressão que o pecado raiz — aquele que é a fonte dos outros e do qual ninguém se acusa — é a falta de qualquer esforço de reflexão religiosa!

— a ausência de uma alegria espiritual, irradiante. Na presença desses cristãos, poderia alguém imaginar que o Cristo lhes deixou sua própria alegria (Jo 15,11; 17,13)? Nesses sonolentos, incapazes de abrir os olhos para a luz de Deus, como poderia desabrochar essa alegria?

— a fragilidade da fé nas crianças educadas em uma família na qual os valores do espírito não merecem apreço, na qual a educação desconhece uma de suas primeiras tarefas: ensinar a refletir;

— vida de oração inexistente ou morna. As orações em família ou em grupo são tantas vezes nutridas de estereótipos; por isso mesmo são incapazes de chegar a atitudes pessoais de adoração, louvor e intercessão...

— a incapacidade radical de tantos católicos para o diálogo religioso com os não crentes; incapacidade que se traduz, conforme os temperamentos, em fanatismo de direita ou de esquerda, ou em fuga.

Vão dizer-me que é por falta de tempo. Mas, quando se trata de uma função vital, essa objeção não tem cabimento: sempre há tempo para comer e para dormir. É verdade que, para a maior parte de nossos contemporâneos, seria preciso em primeiro lugar encontrar tempo para consertar a máquina de pensar.

Mas, afinal, temos ou não orgulho de nossa vida de seres humanos?

Ninguém pense que uma intensa vida de espírito exija grandes lazeres. Conheço homens e mulheres, tão sobrecarregados como os outros de tarefas familiares ou profissionais, de atividades sociais ou religiosas, cujo pensamento está sempre ativo, alerta, vivo, que são tomados pela alegria de conhecer, pela "alegria da verdade", para empregar uma expressão preferida de Santo Agostinho. Eles não têm mais tempo nem mais aptidões do que outros; mas têm fome. Com efeito aí está a questão: quem não tem fome não manifesta nenhum interesse por comer, e o alimento não lhe aproveita. Eles têm fome de conhecer o pensamento de Deus sobre todas as coisas e todos os acontecimentos; e em primeiro lugar de conhecer o próprio Deus. Vão dizer-me que Deus é incompreensível? É incompreensível nesse sentido que jamais teremos o perfeito conhecimento que ele tem de si mesmo; mas não é menos verdade que ele nos quer introduzir em seu mistério. Mistério que não é um muro contra o qual batemos, mas um oceano sem praias que nos reserva e nos reservará por toda a eternidade descobertas sempre renovadas.

É um grande dom de Deus essa fome. Mas é também o resultado de uma procura perseverante. Por que entre cristãos, e em primeiro lugar entre os esposos, a lei primordial da entreajuda não haveria de atuar mais intensamente nesse campo da procura da verdade e de uma reflexão cristã viva?

Podem surgir desentendimentos por causa da diversidade dos pontos de vista? Mas será que os pontos de vista não se aproximariam mais se fossem fraternalmente debatidos? E principalmente se a reflexão, em vez de procurar sua inspiração em publicações muitas vezes tendenciosas ou junto de mestres contestáveis, se apoiasse antes de mais nada sobre a Palavra de Deus.

## Silêncio que mata o amor

Conhece aquele herói de Mauriac, que acusa a mulher de o destruir com seu silêncio de desprezo? Ao mesmo tempo que consegue brilhantes sucessos profissionais, em seu lar não encontra senão indiferença: "Quanto mais estava inclinado a acreditar em minha importância, tanto mais você me dava o sentimento de meu nada..." Ele reage com o ódio, um ódio devorante, reflexo sem dúvida do instinto de conservação numa personalidade que não se quer deixar afogar. Um santo teria reagido de outra forma, mas ele não é um santo; nem mesmo é um católico "praticante" como sua mulher.

Pensando bem, acho que seu ódio pode estar bem menos afastado do amor do que a indiferença da mulher. Julgue depois da leitura desta página:

"É de uma outra espécie de silêncio que eu me quero vingar: seu silêncio obstinado sobre nossa vida de casal, sobre nosso desacordo profundo. Quantas vezes no teatro, ou lendo um romance, perguntei-me se existem de fato na vida amantes ou esposas que fazem 'cenas', que se explicam de coração aberto, que se desafogam em explicações. Durante esses quarenta anos que sofremos lado a lado, você conseguiu sempre evitar qualquer palavra um pouco mais profunda, foi sempre esquiva. Durante muito tempo imaginei que fosse um sistema, uma atitude premeditada, cuja razão me escapava, até o dia que compreendi que pura e simplesmente aquilo não lhe interessava. Eu estava tão fora de suas preocupações que você se esquivava, não por medo mas por enfado. Era como se você tivesse um faro refinado; pressentia-me de longe; e se eu a surpreendia, encontrava desculpas fáceis, ou simplesmente me dava um tapinha no rosto, um abraço, e ia saindo" (*Le Noeud de vipères*, Ed. Grasset).

Essa indiferença do coração que, se assim o podemos dizer, se exprime pelo silêncio, não é pior do que o ódio, mais profunda e ainda mais mortal? Onde reina o ódio, muito perto dali está o amor decepcionado. Mas não se encontra nenhum sinal do amor no mármore da indiferença. Odiar significa ocupar-se totalmente com outra pessoa, ainda que seja para a ferir. Mas para o indiferente, o outro não existe, nem mesmo como inimigo: foi riscado do mundo dos vivos. A indiferença é a atitude diante do nada. Não se espera nada do nada, ele não pode causar nem decepção nem ódio.

Pergunto-me se, no caso dessa mulher, o que existe não é aquele medo de ser arrastada ao amor, o mesmo que julguei ter descoberto numa outra esposa endurecida em sua indiferença, ou em certos maridos entrincheirados em sua suficiência. Amar é um risco que eles não querem correr. Pois o amor pode arrastar terrivelmente longe: adeus à tranquilidade confortável, às belas seguranças farisaicas desde que ele nos queimou com seu fogo. Exatamente porque, se houvesse uma "explicação" e essa explicação fizesse transparecer uma bondade de coração no outro, se ela provasse que ele não tem toda a culpa, não haveria a tentação de o amar? Ou pelo menos não se perderiam os motivos para não amá-lo? E a verdade é que nos agarramos nessas razões, nós as protegemos e alimentamos. Não queremos ser arrancados de nosso egoísmo: ele é morno e acolhedor como a cama na hora de levantar; preferimos continuar ali bem protegidos. Algumas pessoas têm um instinto secreto que as faz repelir a tentação de amar com a mesma espontaneidade com que outros repelem o pecado.

Esse medo dos riscos do amor encontra-se também nas relações da alma com Deus. Os padres conhecem muito bem essa categoria de cristãos que fogem do face a face com Deus, temem essa confrontação com ele que é a oração, têm medo de ficar fascinados pelo Fogo e preferem a penumbra.

A recusa de se explicar: um dos mais graves pecados contra o amor. Um dos sinais mais claros do egoísmo. Não há dúvida, não é frequente estarmos diante de casos extremos como esse dos heróis de Mauriac. Seu mérito, porém, é de nos fazer descobrir, em nosso coração, os primeiros sintomas desse mal de que morrem. Na maior parte dos casais não existe um muro entre os esposos, mas simplesmente uma fina película de verniz isolante: e como é difícil explicar-se para rompê-la! É verdade que "explicar-se" custa caro. Obriga-nos a tirar a máscara, a ser nós mesmos, a desnudar nosso coração. E desnudar o coração é o mesmo que dá-lo, já é amar. Estamos sempre de volta ao mesmo ponto: não queremos amar, não temos a generosidade para dar o primeiro passo no amor. Não queremos ser o primeiro a dizer a primeira palavra de amor. É certo que isso exige coragem: é preciso abandonar a armadura e tornar-nos vulneráveis. E temos medo dessa ferida, a mais profunda de todas e a mais dolorida, causada pela recusa quando estamos oferecendo o melhor de nós mesmos: avançamos de peito aberto para iniciar tratativas de paz e de amor, e o outro se aproveita para nos ferir diretamente no coração. "Maldito seja quem nos tira a coragem de amar", escrevia Bernanos[6]. Ai de quem não nos leva a sério, ou que suspeita interesses na mão que se estende, nesses gestos que muitas vezes não se tornaram possíveis senão depois de um longo debate interior, depois de uma vitória heroica contra o egoísmo. Voltar, quando fomos repelidos, exige um grande esforço do coração. E apesar disso não paga a pena resignar-se com a derrota. Mais tarde talvez seja tarde demais; os corações ancilosam-se como os joelhos engessados. É preciso entregar-nos, tanto mais totalmente quanto mais no passado nos afastamos e recusamos. Como é difícil pronunciar de novo a palavra de amor verdadeiro no meio desse deserto glacial do silêncio! E se novamente essa palavra não é ouvida, se é desprezada, será mais difícil ainda repeti-la, e repetir de novo no momento oportuno, sem impaciência nem respeito humano. Tudo, porém, é possível com muita paciência e principalmente muita fé naquele que jamais deixa sozinho quem luta pela vitória do amor.

---

[6] GEORGES BERNANOS (1888-1948) romancista católico francês. (Nota do tradutor.)

## Não há surdo pior...

Um leitor, depois de escarafunchar o bilhete anterior, *Silêncio que mata o amor*, comunicou-me sua reação, apelando para o mesmo Mauriac. Retomou o tema, não do ponto de vista de quem se cala, mas de quem já não ouve.

*Acabei de reabrir o* Nó de víboras, *e minha leitura é um pouco diferente da sua. Não há dúvida que a página citada pelo senhor é arrasadora para a esposa e seu silêncio. E seu comentário força a mão: "Pensando bem, acho que seu ódio pode estar bem menos afastado do amor do que a indiferença da mulher". E mais adiante: "Pergunto-me se, no caso dessa mulher, o que existe não é aquele medo de ser arrastada ao amor, o mesmo que julguei ter descoberto numa outra esposa endurecida em sua indiferença..."*

Não digo que não. Minha releitura, porém, encontra outras passagens que iluminam a situação com outra luz. E uma página valendo outra, aqui está uma bem significativa, porque assim diz Isa, a esposa já avançada em anos:

"— Luís, por que você nos detesta, por que odeia sua família?

— Vocês é que me odeiam. Ou melhor, os filhos odeiam. Você..., você me ignora, a não ser quando a irrito ou a amedronto.

— Você poderia acrescentar: 'ou a torturo...' Pensa você que antes eu não sofria?

— Ora, vamos! Você não tinha olhos senão para as crianças...

— Meus filhos! Quando penso que, desde que começamos a ter quartos separados, durante anos me privei de a noite ter um deles comigo, mesmo quando estavam doentes, porque aguardava, esperava sempre que você viesse.

Lágrimas corriam sobre as velhas mãos. Era Isa; somente eu ainda podia descobrir nessa mulher, pesada e quase enferma, a jovem que prometera vestir-se sempre de branco, pelas estradas do vale do rio Lys.

— Na minha idade é até vergonhoso e ridículo relembrar essas coisas... Sim, sobretudo ridículo. Perdoe-me, Luiz.

Fiquei olhando minhas vinhas, sem responder. Nesse meio minuto veio-me uma dúvida. Será possível, durante quase meio século, não observar senão um lado da criatura que partilha nossa vida? Será possível que habitualmente façamos a triagem de suas palavras e de seus gestos, não retendo senão o que alimenta nossas queixas e reforça nossos rancores? Há uma tendência fatal de simplificar os outros, eliminando todos os traços que poderiam suavizar a *charge*, e tornar mais humana a caricatura, da qual nosso ódio tem necessidade para se justificar..." (François Mauriac, *Noeud de vipères*, Ed. Grasset, 1932).

*Aí está o trágico que não foi percebido em sua leitura. Esse homem que geme, grita e espumeja porque, assim diz, se choca contra o silêncio, esse homem é um surdo. Não ouve nada. Mas por quê? Desmontemos o horroroso mecanismo desse mútuo silêncio.*

*Isa fora obrigada a esse silêncio, antes de nele se murar. É certo, ela apagou em si qualquer veleidade de expressão. Mas, pelo menos uma vez tinha falado (foi no começo do casamento) para confiar ao marido, ingênua e desajeitadamente, uma história muito simples de um primeiro amor rompido. Ele se magoou... Mas não disse nada:* "Meu coração estava a ponto de estourar. Palavras indecisas vieram-me aos lábios... Por onde começar? Que poderia ela compreender? O silêncio é uma facilidade à qual sempre me rendo [...] Começou então a era do grande silêncio que, há quarenta anos, quase não foi rompido".

*Portanto, houve de começo esse primeiro silêncio, e que partia do marido. Calando-se, ele rejeitou o fardo pesado demais de que Isa se queria livrar; antes, foi esmagado por ele no rancor, quando teria podido (e era o que ela esperava) partilhá-lo no amor.*

*A seu silêncio respondeu o silêncio de Isa. E este, sem dúvida, irá demonstrando uma progressiva perda de afeto. Mas, haveria somente isso? Pois essa é a ambiguidade do mutismo: pode ser apenas indiferença, desprezo, esquecimento, mas também pode ser piedade, paciência, esperança, espera e às vezes uma coisa e outra na maior confusão.*

*Se existem esses dois significados, por que Luís sempre o interpretou em um só sentido, e sempre no pior? Em nossa longa citação, ele apresentava uma dúvida (mas, veja bem, sem a dizer a Isa, sem nem mesmo olhar para ela:* "Fiquei olhando minhas vinhas, sem responder"*). Essa dúvida que o tocou de leve atingia no entanto o essencial: que a animosidade, depois a agressividade, depois o ódio tornam os olhos e os ouvidos seletivos. A* *partir daí, o que quer que Isa dissesse ou deixasse de dizer, o que quer que fizesse ou deixasse de fazer, Luís não ouviria nem veria senão o que alimentasse seu ódio. Nesse caso, com efeito, começa a funcionar um sistema, um automatismo de seleção e de interpretação, para a justificação de um e a condenação do outro. A atenção e a memória funcionam incansável e impiedosamente numa só direção. Isa poderia tentar defender-se: fatos, atos, palavras, silêncios, qualquer coisa, pequenos nadas seriam sempre assacados contra ela. E por fim, esgotada abandona a luta. E até mais: haverá de pedir desculpas e acusar-se:* "Na minha idade é até vergonhoso e ridículo relembrar essas coisas... Perdoe-me, Luiz". *Esse grito débil, esse último arfar ainda é de amor que se esvai. Para o marido acusador, é a prova e o triunfo (pois a dúvida que havia pouco o assaltara, ele a afastara). O carrasco e a vítima estão definitivamente marcados, o círculo está fechado, o círculo infernal.*

*Aí está o que, parece, poderia ser acrescentado ao seu texto e ao seu comentário. Não, é claro, para contradizer mas para lhe trazer uma complementação necessária. Isa calou-se e, inocente ou culpada (provavelmente inocente e culpada), errou. Que seja! e o senhor disse-o com justiça. Mas, e o outro, esse Luís que a estraçalha com gosto...?*

*E esse outro não é ele também o que somos, ou corremos o risco de ser?*

53

# Inventar

Um jovem marido tinha lido que não é bom deixar ao improviso a conversa com a esposa à noite. Voltando do escritório, lembrado desse conselho, perguntava à sua mulher sobre o dia, os trabalhos, os encontros e, em primeiro lugar, sobre o comportamento do filho recém-nascido. Não deixava também de lhe falar dos fatos mais importantes de sua vida de trabalho. Depois propunha que olhassem juntos algum álbum ilustrado ou lessem um livro. E, no entanto, apesar dessas boas ideias e desses louváveis esforços, muitas vezes a noite era uma decepção para ambos; cada um continuava solitário e enfadado, prosseguindo seu monólogo interior ou refugiando-se no sonho.

 É que nesses domínios da vida conjugal não basta conhecer a teoria ou adquirir certa prática. Dois seres vivos já não são hoje o que eram ontem. É preciso cada dia partir ao encontro do outro, por caminhos desconhecidos, tentando adivinhar a vida profunda do parceiro, procurando o que poderá despertar sua atenção, seu interesse, sua ternura, evitando o que de momento o incomoda ou cansa, descobrindo afinal o que pode estabelecer a comunhão. Então, às vezes um milagre acontece, um verdadeiro e profundo intercâmbio em que os corações e as almas comungam: encontram-se palavras maravilhosamente aptas para nutrir esse intercâmbio, a menos que o silêncio não seja mais eficaz ainda.

Ser versado em psicologia, conhecer de cor o código das boas relações entre marido e mulher não basta. É preciso *inventar* cada conversação, cada noitada, para que elas sejam verdadeiros encontros. Ora, inventar é difícil, cansativo ou, mais exatamente, supõe um amor vivo, jovem, que não aceita jamais a mediocridade das conversas, impaciente à procura de uma comunhão mais estreita, impulsionado pela esperança. É o amor que desperta a invenção e, reciprocamente, é a invenção que enriquece o amor.

As leis do encontro entre marido e mulher são as mesmas da relação entre o cristão com seu Deus na oração. Essa relação deteriora-se quando a habilidade toma o lugar da invenção. Conhecer e pôr em prática as regras que os mestres da oração ensinaram durante séculos certamente que é muito útil, mas sem a capacidade de invenção, apesar de toda essa habilidade, de toda essa ciência, a oração será polida, superficial, mais ou menos artificial, sem jamais chegar a uma comunicação entre a alma e Deus.

No relacionamento com sua mulher, talvez me digam vocês, um homem que ama é capaz de adivinhar mediante sinais imperceptíveis aos outros — um sorriso, um brilho no olhar, o leve fremir de um músculo da face ou da mão — o que faz a alegria de seu coração. Mas, e com Deus? Temos aí uma questão totalmente diferente, que vai além do assunto deste bilhete, e merece ser tratada por si mesma. Minha referência à oração queria apenas sublinhar que qualquer relação de pessoa a pessoa, para continuar viva, requer um amor inventivo.

## Porque eu sou Inês

"Deus, como diz S. João, é Amor." Mas que vem a ser esse amor? Seu reflexo naqueles que nos amam ajudam-nos a entrevê-lo. Sua caricatura naqueles que nos amam mal, por contraste, também nos ajuda a compreendê-lo mais. Foi a experiência dessa mulher, abandonada pelo marido, que me escreveu, e cuja carta reproduzo aqui. O amor captativo desse marido por sua mulher põe estranhamente em destaque o caráter pessoal e a generosidade do amor divino.

"... Ele já não me amava. Amava em mim a mulher, mais exatamente a feminilidade: eu era uma amostra de feminilidade que lhe convinha. Quando, porém, percebeu que eu era 'alguém', quando se encontrou com meu 'eu', sentiu-se incomodado, não sabendo o que fazer de um 'eu', de uma pessoa viva. A partir desse momento havia em sua vida alguma coisa demais, que atrapalhava. Alguma coisa, ou melhor, alguém que lhe negava o direito de ser só, sozinho com alguma coisa que lhe pertencesse; alguém que fazia valer seus direitos, em primeiro lugar o direito de ser reconhecido como pessoa única, original. Para ele era demais. Tomou distância, como se se sentisse ameaçado em seus domínios. Tornei-me para ele uma intrusa: eu me permitia ser uma pessoa, enquanto que ele me pedia que fosse um objeto, um espécimen de feminilidade, agradável e confortável. Afastou-se; e olhou para outros lados; e um dia encontrou outra mulher que, pelo menos assim ele pensava, aceitava ser sua coisa.

Depois de meses atrozmente sombrios, quando passava da raiva à depressão, quando todas as tentações me assaltavam, quando me agarrava à oração como a uma boia, já não sou capaz de lhe querer mal. Atualmente tenho paz, ou melhor, a paz me possui.
E paradoxalmente é a meu marido que o devo. Pelo meu sofrimento de esposa mal-amada fui levada a descobrir com que amor sou amada por Deus. Agora sei definitivamente que Deus me ama, e não como uma amostra da humanidade e porque ele ama a humanidade, mas porque eu sou Inês. Ele não é como o sol que dá seu calor indiferente e impassivelmente a todas as criaturas: ele me dá seu amor, ele se dá a mim *porque eu sou eu*. Ele não é como quem ama os pobres sem jamais ter tempo para olhar cada um nos olhos, ou para conhecer o nome daquele a quem socorre: para quê? é o 'pobre' que ele ama.

Com Deus não é assim de modo nenhum: é a mim, Inês, que Deus ama, e porque sou Inês. Ele me conhece pelo nome desde toda a eternidade. Ele me chama pelo nome. Aguarda impaciente minha resposta. Não tem ciúme de minha autonomia e de minha personalidade. Ele as tem em grande valor: sem elas que valor teria minha resposta? Para ele eu não sou uma coisa da qual se toma posse e que se usa, mas uma liberdade que se doa e que ele respeita infinitamente.
Graças a seu amor, é que estou reconciliada comigo mesma e com os outros. Deus desobstruiu em meu coração as fontes do amor verdadeiro. Finalmente eu vivo. E a hora da oração tornou-se a hora da mais intensa vida..."

## Para mim você é muito importante

Será que nosso mundo está a ponto de perder a fé no amor? — é claro que estou falando do amor verdadeiro e não de suas falsificações. Pelo menos é a impressão que nos dão a literatura, a televisão e o cinema. É também o que podemos deduzir dessa pequena frase desencantada que ouvimos tantas vezes de homens e mulheres de todas as idades: "Já não creio no amor".

Quais as causas dessa incredulidade? São múltiplas. A dúvida às vezes nasce muito cedo na alma das crianças: afinal não são tantas assim as que recebem na família sua ração suficiente de amor. Felizmente a fé no amor, inata em todo o ser humano, mesmo que esteja profundamente enterrada, mesmo desde cedo passando por contradições, apesar de tudo está sempre pronta a ressuscitar na amizade e no casamento.

Mas, e se a amizade decepciona...? mas, e se o amor conjugal atraiçoa...? Como continuar acreditando no amor se ele nos foge cada vez que pensávamos tê-lo encontrado? Quem não o encontra nos outros, só lhe resta encontrá-lo em seu próprio coração, descobrindo-se capaz de amar apesar de tudo, da indiferença ou da infidelidade. Essa, porém, é uma graça rara — e dou a esse termo seu sentido religioso: um fruto do amor de Deus agindo no coração do homem.

Quero citar uma recordação inesquecível.

Tinha conhecido Catarina, jovem estudante sorridente, de grande coração, inteligente. Seis anos depois ela bate à minha porta irreconhecível, a infelicidade em pessoa. Muito triste sua aventura. Terminados os estudos, voltara para a família na Tunísia, casara-se com o homem que ela amava loucamente, sem nada saber de seu passado (tinha estado na prisão por questões morais, estava coberto de dívidas...). Em menos de um ano, alegando precisar de capital para montar um negócio promissor, dilapidou a fortuna de sua jovem mulher e faliu. Apesar disso, enrolador e muito falante, conseguiu entrar para a empresa do sogro, tornando-se seu homem de confiança. Até que desapareceu, depois de ter assinado cheques sem fundos. Preso na França, estava numa cadeia de Paris.

Catarina tinha deixado a Tunísia e tinha vindo para Paris com sua filhinha, recusando-se a abandonar aquele cujas mentiras, trapaças e sórdidos procedimentos não tinham conseguido destruir nela o amor verdadeiro que lhe tinha. Afirmava ver nele qualidades de alma que outros não percebiam.

Quando chegou a minha casa estava totalmente sem saber o que fazer. Muitas vezes o marido recusava sua visita; quando a aceitava, era para lhe impor as maiores humilhações; não aceitava nem as roupas nem a comida que lhe levava; tinha a arte de injuriar e ferir. Cada visita abalava um pouco mais a saúde da coitada. Mas não desistia. Ela o amava.

Ninguém compreendia as reações desse homem para com sua mulher.

Os amigos de Catarina diziam-lhe: "A primeira condição para que um homem seja salvo é que aceite ser salvo; uma vez que ele não quer, abandone-o". Não lhes dava ouvidos. Tinha certeza que seu amor teria a última palavra.

Um dia foi informada oficialmente que o marido tinha morrido de repente.

O mesmo correio trazia-lhe uma carta do Capelão da prisão, convidando-a para ir vê-lo: tinha tido uma estranha conversa com o prisioneiro na antevéspera de sua morte; queria falar com ela sobre isso.

Como todas as vezes que tentara falar com aquele homem, fora recebido com blasfêmias.

"— Deus? Eu o odeio.

— Você não o odiaria se não acreditasse nele.

— É o inferno que amo. Ali é minha pátria. Deus impediu-me de voltar para lá no dia em que tentei suicídio. Eu o odeio.

— Jamais você conseguirá desencorajar o amor de Deus.

— *(Rindo zombeteiro)* Pode ser, mas não há dúvida que compete a mim a última palavra! Não esqueci o que aprendi no catecismo.

— Você tem uma mulher fiel, mais do que fiel, de um amor a toda prova...

— É exatamente isso que não lhe perdoo. Ela me recusa o passaporte para o inferno. Mas conseguirei matar seu amor, e então poderei finalmente me destruir, e Deus nada poderá fazer para o impedir."

O Capelão, ao ver que para a jovem esposa as palavras do marido continuavam enigmáticas, deu sua interpretação: "Estava sendo corroído pelo ódio. Estava fascinado pelo inferno, o lugar do ódio total. Sua mãe abandonara-o; os maus-tratos sofridos num instituto para delinquentes revoltaram-no; os tubarões das finanças tinham-no explorado; tudo e todos tinham gerado, alimentado e exasperado seu ódio. Uma só coisa, um só fio de cabelo mantinha-o suspenso sobre o abismo: o seu amor de esposa. E é por isso que ele queria tanto romper esse último laço *para ter o direito de desesperar*. Mas o fio de cabelo não se partiu. O inferno não pôde ter sua presa. Não se preocupe com sua salvação: quando compareceu diante de Deus, e Deus lhe ofereceu seu amor, graças a você ele não pôde responder: 'O amor, não acredito nisso'."

Quando Catarina me referiu esse relato do Capelão, seu rosto estava ao mesmo tempo banhado em lágrimas e radiante. Esperando contra toda esperança, sua fidelidade tinha sido afinal a força maior.

E eu, ao ouvi-la, tinha a impressão que nós, pecadores, somos sempre esperados por um Amor que nada pode alterar nem desencorajar, Amor incorruptível, invencivelmente fiel, do qual temos o reflexo no amor dessa mulher.

As palavras de Catarina traziam-me de volta à memória esses admiráveis versos de Isaías:

"Você é importante, muito importante
a meus olhos, você tem um valor muito grande
para mim, eu amo você" (43,4).

"As montanhas podem passar,
as colinas podem tremer,
mas meu amor por você jamais passará" (54,10).

## Procuro seu olhar

Durante todo o tempo da ocupação da França pelos nazistas, ninguém abria a porta sem apreensão quando alguém batia. Eram tantos os amigos que recebiam a temida visita da Gestapo...
    Essa reação desapareceu muito lentamente. Um dia, Francisca, cujo marido era prisioneiro de guerra, ouviu bater à porta. De coração apertado, foi abrir. E eis que recebeu em pleno coração o choque daquele olhar que pousava sobre ela — não, que a penetrava, que a atingia no mais profundo dela mesma. Aquele olhar... é muito mais do que apenas dois olhos que olham, é aquele que ela amava, é aquilo que ele tem de único, seu *eu profundo* que, através do olhar, atira-se e atinge Francisca em seu *eu profundo*. E o encontro desses dois *eus* produz uma explosão de alegria, de amor, de luz, de vida.
    O homem que está diante dela é aquele que, havia cinco anos, Francisca tinha certeza, estava sempre junto dela ao longo dos dias. Estava presente por suas cartas cheias de amor; estava em seu pensamento, em seu coração, em sua oração. Chegara a crer que essa era a presença, a presença mais verdadeira até, porque espiritual. Dizia a todos que Miguel estava mais presente do que quando viviam lado a lado, muitas vezes sem um prestar atenção no outro. Bruscamente, como que

ofuscada, compreendeu o que é a "presença": uma experiência misteriosa que nenhuma palavra ou conceito pode expressar.

Alguns anos mais tarde dizia-me Francisca: "As pessoas vivem 'a dormir'; nelas *o eu profundo* está adormecido. E nós não somos exceção, Miguel e eu. Algumas vezes nos dizemos: e se a gente se olhasse de novo como naquele longínquo 10 de julho? Mas não basta querer. É preciso... que é preciso? O amor? Mas o amor existe, e o milagre não se produz. Seria o efeito da surpresa? O amadurecimento de dois *eus,* ao longo de uma longa ausência, e seu reencontro brusco, quando dois olhares de repente se cruzam?... E mais, por que isso não pode durar? Deveria durar. Será porque os dois *eus* ainda não são suficientemente puros, no sentido de 'transparentes ao divino'?..."

O admirável, na relação com Deus, é saber, ter certeza — e nisso consiste a fé — que o *eu* divino dá-me atenção total, neste momento, e infinitamente mais presente, amante, insuportável (como é insuportável a vista do sol), que o rosto, que o olhar do prisioneiro que reencontra a esposa depois de cinco anos de ausência.

*"Eu sou"* (esse o nome com que Deus se apresenta a Moisés) está aqui, sempre atento. *"Eu sou"* significa *estou aqui*; significa: *sou-para-você, estou-agora-presente-a-você-amando você-tal-como-você-é*. Como é grande a intensidade, a densidade de ser, a qualidade da presença do *eu divino,* do *eu* que é Deus!

"Procuro teu rosto", cantava o antigo salmista. Sabia muito bem que seu Deus é uma pessoa, e não um sol anônimo, que indiferente envia sua luz sobre todas as coisas.

"Procuro teu rosto" — um rosto, aquilo com que uma pessoa se volta para outra no diálogo de amor. Quanto a mim, prefiro dizer: "Procuro teu olhar", pois nosso Deus *é* olhar. É um olhar subsistente.

Não existe uma estrela no céu, um fio de grama, um seixo sobre a terra ao qual ele não esteja presente e que não mantenha na existência. O que faz, porém, a nobreza do ser humano, sua incomparável superioridade sobre a estrela, o seixo e o fio de grama é que já nesta terra, em certos instantes de graça, ele pode perceber a intensidade luminosa e ardente do olhar divino, e que um dia conhecerá felicidade perfeita à vista desse Olhar, quando se abrir a grande porta.

# Estranho princípio

Uma noite, em casa de amigos, conheci um estudante de uns vinte anos. Jovem e muito atraente. Quando ficamos a sós durante alguns momentos, disse-me que perdera a fé. Estava claro que queria conversar sobre isso; convidei-o para um passeio na montanha, no dia seguinte; sua história merece ser contada: é típica. De "boa família" católica, passara oito anos em um colégio de religiosos e fora militante em um movimento de juventude. "Durante anos, disse-me ele, lutei para ser cada vez melhor, para não pecar, mas em vão; e o insucesso de meus esforços trouxe-me pouco a pouco a angústia. Um dia não aguentei mais: uma religião não pode ser verdadeira se faz você viver na angústia. E abandonei tudo, por uma espécie de instinto de conservação." Os pecados dos quais não conseguia livrar-se não eram pecados da carne, mas sim dureza de coração, faltas de lealdade, invejas... tudo coisa que tantos outros rapazes de sua idade nem mesmo consideram pecados.
 "Se estou compreendendo bem, disse-lhe, o que o separou de Cristo é exatamente o que deveria levá-lo para mais perto dele! Com efeito, se não amamos o pecado, ele não nos afasta de Deus mas, ao contrário, apela irresistivelmente para Deus. Não é o imenso pecado da humanidade que atrai o filho de Deus para a terra? Aliás, o próprio Jesus disse-o da manei-

ra mais clara: 'Não os sãos, mas os doentes é que precisam de médico; não vim para os justos mas para os pecadores' (Lc 5,31-32). E veja seus inimigos, os fariseus, os doutores da lei: não deixam de acusá-lo por suas más companhias."

Enquanto lhe falava, o rapaz me olhava de soslaio, a se perguntar sem dúvida se não tinha encontrado um padre herético!

Se o caso fosse único, nem o estaria contando; mas evolução semelhante durante a adolescência encontra-se em muitas famílias cristãs. Qual a sua causa? Um cristianismo sem autenticidade. "Quem ama a Deus, não peca; quem peca, não ama a Deus", esse é o princípio simplista que domina a vida moral de muitos jovens. Não devemos nos espantar se, depois de uma queda, seu ser espiritual fica profundamente perturbado; pois sabemos que renegar o que amamos, ou simplesmente imaginar que o estamos renegando, é uma das fontes mais infalíveis de angústia. Claro que esse princípio não é ensinado literalmente. Mas é o que está sugerido nas palavras de tantos educadores.

Quem absorve essa moral com o leite materno não tem senão três saídas.

Se for de consciência delicada, irá evoluir como nosso jovem estudante: lutará desesperadamente para eliminar de sua vida o pecado, para não se separar de Deus. Quanto mais alta é sua ideia de Deus, tanto mais patética será sua luta. Evidentemente que não terá êxito, pois "o justo peca sete vezes por dia" (Pr 24,16), e mesmo os santos confessam-se pecadores, o que da parte deles não é de modo algum um exagero edificante. A partir daí, pouco a pouco se desenvolve o câncer mortal da angústia. A menos que não acabe por renegar essa religião que o destrói.

Se for de alma menos nobre, não tardará a se afastar desse Deus sobranceiro, que não admite pecadores em sua companhia. Quantos já encontrei assim, que antes do abandono definitivo, tendo pecado, não se julgavam no direito de orar a Deus: achavam que antes, e por si mesmos, deveriam recuperar a pureza para depois voltar a ele. Para dizer a verdade, quando os pecados se tinham evaporado com o passar dos dias, ou tinham sido descartados numa confissão mais ou menos formal, retomavam a prática religiosa, mas com uma fé cada vez menos firme.

A terceira saída poderá ser percebida pelo jovem que observar o comportamento de seus pais, que muitas vezes a adotaram por sua própria conta. Pecar para eles é apenas matar, roubar, cometer adultério. Se não cometem nenhum desses três pecados, não se consideram pecadores, mas amigos de Deus, e vivem em boa paz com ele, seguros de sua consideração. Assim são muitos "bons cristãos", apegados à tradição e tanto mais seguros de sua "justiça" quanto maior a distância a que mantêm os pecadores, dos quais falam com uma agressividade muito reveladora. Parecem-se curiosamente com os fariseus do Evangelho: eles também não precisam de um Deus Salvador.

Fora dessas três saídas não vejo em que direção possam caminhar os filhos se os formamos conforme o mencionado princípio.

Mas, se pelo contrário, é-lhes apresentada a autêntica moral evangélica, então sim podemos esperar que se tornem verdadeiros filhos de Deus. O verdadeiro filho de Deus conhece as exigências do Evangelho, e quer observá-las sem discriminação. Contudo, uma vez que é fraco, apesar de todos os socorros procurados na oração e nos sacramentos, cai muitas vezes e é grande sua dor por ofender esse Deus que ele ama, dor que nada tem a ver com a angústia, dor que antigamente recebia o nome muito expressivo de compunção (do latim *compungere*, picar). Mas, como tantas vezes meditou a incomparável parábola do "Filho pródigo", ousa crer na inesgotável misericórdia de seu Deus, e que é grande a alegria no céu pelo pecador que volta ao Pai.

E isso não impede que, depois do pecado, passe por certo mal-estar, pois é duro *reconhecer-se pecador* (não estou dizendo resignar-se ao pecado), pois é muito natural que procuremos o equilíbrio psicológico na estima de nós mesmos. No entanto, é fundamental que o cristão estabeleça seu equilíbrio interior sobre uma base totalmente diferente. É preciso que abandone a procura dessa satisfação consigo mesmo, que se tornara a mola propulsora de sua vida moral e espiritual. De agora em diante deve apoiar-se somente em Deus. Com a ajuda de sua graça é que chegará um dia a triunfar do pecado. Até lá, é na misericórdia divina que ele, pecador arrependido, vai buscar paz e alegria. Quantas vezes agradece o sacramento da reconciliação, no qual o Cristo, pelo padre, perdoa incansavelmente!

É claro, não se trata de uma tranquilidade completa; também o cristão continuamente se surpreende desejando não mais precisar acusar-se de pecados; não tanto por amor a Deus, quanto para recuperar a confortável satisfação consigo mesmo. Que ele não ceda a esse desejo traiçoeiro; que antes aceite o que nele está morrendo e nascendo. Sim, para empregar a expressão de São Paulo, o "velho homem", o homem do pecado morre — mas demora — e pouco a pouco cresce o "homem novo", o filho de Deus.

Terminando, eu me pergunto se mais do que a seus filhos não é a vocês, homens e mulheres casados, que essas perspectivas evangélicas podem oferecer conforto e luz. Quantas vezes a angústia está à sua espreita, eu o sei, quando vocês têm dificuldade para honrar como desejam as exigências do casamento cristão, nas quais veem a proteção e o crescimento de seu amor. Lembrem-se daquelas palavras de Paulo VI aos casais em seu discurso às Equipes de Nossa Senhora:

"Jamais deveria haver angústia ou medo nas almas de boa vontade, pois afinal, o Evangelho não é a boa-nova também para os lares, e mensagem que, mesmo exigente, não deixa de ser profundamente libertadora?

É natural que haja uma reação de desalento quando tomamos consciência que ainda não conquistamos a liberdade interior, que ainda estamos sujeitos ao impulso de nossos instintos, quando nos descobrimos quase incapazes de respeitar no momento a lei moral num domínio tão fundamental. Esse, porém, é o momento decisivo em que o cristão, em sua confusão, em vez de se abandonar à revolta estéril e destruidora, humildemente faz a descoberta perturbadora do homem diante de Deus, do pecador diante do amor do Cristo Salvador".

## As lágrimas e o riso

Uma mulher falava para noivos: "É somente nos braços de alguém que nos ama que podemos ter a coragem de mergulhar até o fundo do abismo de nosso próprio coração, reconhecer nosso mal, confessá-lo e ser verdadeiros diante de nós mesmos e diante de Deus. E começar vida nova".

Ouvindo-a, os noivos tinham impressão que essas palavras continham uma verdade de grande valor, mas difícil de ser apreendida. Depois que ela se foi, pediram-me que lhes desse uma interpretação. Tive de confessar que não era capaz de o fazer, embora estivesse tão impressionado quanto eles.

Muitas vezes depois citei e comentei essa frase, ouvida há uns trinta anos e jamais esquecida. Hoje não tenho dúvida que encerra uma verdade fundamental.

O ser humano tem uma necessidade básica de autoestima. É somente a autoestima que o mantém de pé. Aquele, que já não tem estima por si mesmo, desmorona como casa de madeirame corroído pelos cupins.

A descoberta de nosso mal profundo — ninguém é puro — gera infalivelmente um intolerável desapreço por nós mesmos.

Não é preciso procurar alhures a explicação da ansiedade, ou até mesmo da angústia, de tantas pessoas ao nosso redor.

De uma maneira ou de outra, um instinto vital intervém — o que até certo ponto é bom — para nos afastar dessa constatação intolerável. Ou, então, ele nos oferece fugas; e temos de confessar que, para nos distrair, nosso mundo moderno demonstra uma capacidade incrível: revistas, romances policiais, rádio, televisão, cinema... Ou então esse instinto perfidamente nos sugere chamar de "bem" o que é mal. O engano, porém, é um tanto grosseiro e nem sempre tem sucesso. Mesmo recalcado, o desprezo por nós mesmos continua nas sombras seu trabalho de sapa. A agressividade para com os outros é um de seus sintomas mais frequentes. São muitas as desordens psicológicas e as doenças da alma que derivam de um desprezo clandestino por nós mesmos!

Mas pode acontecer encontrarmos em nosso caminho alguém, em cujo olhar podemos ler um amor tão grande, que temos coragem de lhe pedir que desça conosco a nossos abismos interiores, os abismos de nossas misérias e de nossos pecados. Encontro muito precioso. Encontro raro. É nesses casos que se verifica a afirmação da conferencista: voltamos dessa aventura com o sentimento de libertação. O mal que descobrimos, é certo que só nos pode despertar vergonha, vergonha que nos levaria à angústia e ao desespero se, ao mesmo tempo, no olhar de quem nos ama, não descobríssemos que em nós, mais profunda que o nosso mal, existe uma beleza capaz de despertar estima e amor.

Tantos criminosos, que se entregam à vertigem do mal, teriam seguido esse caminho se sobre eles se tivesse pousado um olhar de amor? A pavorosa Medeia de Anouilh[7], quando está para se destruir depois de ter matado seus

---
[7] JEAN ANOUILH (1910-1987), teatrólogo francês; sua peça Médée é de 1946. (Nota do tradutor.)

filhos, declara àquele que não a soube amar: "Quando daqui a pouco estiveres sofrendo, pensa que existiu uma jovem Medeia, exigente e outrora pura. Uma pequena Medeia terna e amordaçada no interior da outra. Pensa que ela terá lutado totalmente só, desconhecida, sem uma mão estendida para a ajudar, e que essa era tua verdadeira mulher!"

Por mais verdadeira que seja, essa libertação dura apenas algum tempo. O desapreço por nós mesmos, provisoriamente exorcizado, volta dissimulado: afinal, esse olhar de amor sobre mim é apenas um olhar humano. Será que não se engana? Seria preciso que fosse o olhar de um Deus infalível, para que eu tivesse coragem de nele acreditar. Para eu ter a coragem de expor diante dele, sem angústia, meu ser interior.

O cristão crê no amor de Deus. Um amor que não se retrai enojado e cansado nem mesmo diante da confissão de suas tristes fraquezas ou de seus graves pecados. Para ele já não é possível o desprezo por si mesmo e o desmoronamento interior que ele traz consigo. O olhar divino faz com que se erga sobre os pés, como o jovem ressuscitado pelo Cristo.

Lucidamente consciente de seu mal, com uma lucidez sem complacência, um filho de Deus tem a mesma lucidez quanto àquilo que nele merece estima e amor. Se confessa, reconhece e rejeita seu mal, à medida que o descobre, se reconhece seu bem e a ele se alia, nele então começa uma vida nova, uma renovação espiritual.

O Cristo não veio julgar e condenar. Veio salvar e resgatar. E a redenção é em primeiro lugar a Revelação, a revelação do amor que nem podemos imaginar, do amor que não se desencoraja, do amor indestrutível do Pai.

Amor do Pai que se traduz nos olhares do Cristo, tantas vezes lembrados no Evangelho: "Olhou para ele e o amou". O olhar do Cristo não é anônimo, impessoal; atinge o eu profundo de cada ser. Salvo é aquele que, encontrando esse olhar, reconhece seu pecado e o rejeita. O amor divino que descobre, e ao qual se entrega, reconcilia-o consigo mesmo, e ele pode enfim se amar, com esse amor por si mesmo sem o qual ninguém pode viver; nele desperta e surge o "homem novo", na alegria de uma manhã de Páscoa. Lágrimas e riso fundem-se num só instante.

Pena que não imitemos o Cristo em nossos relacionamentos com os outros: entre marido e mulher, pais e filhos! Quando acharmos que é preciso fazer uma repreensão a alguém que amamos, se o amor não preceder a repreensão, estamos apenas fazendo crescer o mal naquele que pretendemos curar. Não nos enganemos com essas reações de desenvoltura, de revolta, ou de fuga: na realidade, em seu coração brota uma angústia secreta, tanto mais perniciosa quanto mais essa pessoa nos ama. É exatamente essa a origem da angústia: descobrir com espanto que somos capazes de decepcionar, de ferir, de trair o ser amado.

E como é perigoso fazer Moral sem Teologia! Quero dizer: como é perigoso revelar às pessoas seu mal, para dele libertá-las, sem antes lhes ter revelado que são amadas, com um amor infinito, do qual o nosso não é senão um longínquo reflexo.

## O amor mais forte que o mal

Para poder aconselhá-la com conhecimento de causa, perguntei a uma viúva sobre a evolução de sua vida espiritual. "É ao Sérgio, meu marido, que devo minha vida interior. Mais precisamente, à sua atitude para comigo durante uma fase pouco gloriosa de minha vida conjugal: casada havia cinco anos, mãe de duas crianças, eu lhe tinha sido infiel. E, no entanto, eu o amava. Não querendo pôr a perder sua felicidade, cuidava que ele não pudesse suspeitar de nada.

Seu amor por mim, de uma qualidade excepcional, tornava-se cada dia mais profundo. Uma noite — lembro-me como se fosse ontem — expressou, com palavras que me chegaram ao coração, sua ternura, sua estima, sua admiração. Era demais. Deixei escapar: 'Se você soubesse!'. 'Eu sei', respondeu-me. Essas palavras fizeram explodir em mim uma indignação tão violenta quanto injusta: 'Nesse caso, por que representar comigo essa comédia horrorosa? De duas, uma: ou você não sofre com o que sabe, e isso prova que não me ama, ou está transtornado e sua serenidade não passa de uma mentira!' Eu estava fora de mim, agressiva, zombeteira, ferina. Esperou que a tempestade passasse. Depois calmamente, gravemente, ternamente, acrescentou: 'Compreenda! Estou sofrendo cruelmente faz seis meses. Mas esse sofrimento era suportável, porque não me arrasava; enquanto que você estava arrasada pelo seu mal, intolerável para seu amor. Vi claramente o que deveria fazer, a única coisa que poderia fazer: amar você mais ainda do que antes, para que ressuscite para o amor, e para que esse amor totalmente novo não apenas queime seu mal com suas chamas, mas lhe traga um coração novo, uma pureza nova, uma beleza mais radiante que nunca'. E de fato o amor de Sérgio fez de mim um novo ser."

A confidência dessa mulher permitiu-me perceber mais claramente o que seja o verdadeiro perdão. Com ares de superioridade, o perdão gera revolta; reticente, oprime; sem amor, não pode libertar, nem salvar. Somente o verdadeiro perdão, fruto de um amor muito puro, pode fazer jorrar uma fonte viva no coração de quem foi infiel, regenerar o que fracassou no amor, fazendo-o renascer para o amor.

Para Deus também, aliás, para Deus em primeiro lugar, perdoar é amar, amar com amor que faça surgir na escuridão e na impureza da alma um amor totalmente novo, que a purifique, transforme, encaminhe para uma nova perfeição. Pensemos no olhar do Cristo sobre Pedro que acabou de o negar... Certamente não foi um olhar de reprovação ou de cólera. Muito mais terrível, foi um olhar de amor, de amor intenso, manifestando uma ternura mais forte, mais ardente, mais ampla que jamais. Pedro não pôde resistir; seu coração partiu-se, deixando jorrar lágrimas amargas e doces. Ao mesmo tempo, sob a ação conjugada do olhar de Cristo e do espírito do Cristo que agia nele, um novo amor tomou posse de todo o seu ser. Tanto que, poucos dias depois de o ter renegado, teve coragem de afirmar ao Cristo sem hesitação: "Tu bem sabes que te amo, e de todo o coração, desde a outra noite". E Pedro não está mentindo: esse amor novo, que o olhar do Mestre fez brotar nele, haverá de levá-lo até o dom da vida numa cruz, depois de uma existência toda gasta em anunciar às multidões o amor com o qual somos amados por Deus.

## Uma mulher perfeita

Um companheiro dos tempos de colégio, que eu não encontrava havia mais de vinte anos, certo dia bateu à minha porta. Das duas, uma: ou caíra sobre ele uma grande desgraça, ou viera pedir dinheiro emprestado. Como logo compreendi, a primeira hipótese era a verdadeira. Mal tive tempo de lembrar os bons velhos tempos, que ele logo foi dizendo: "A desgraça de minha vida é ter-me casado com uma mulher perfeita". Sem dúvida não mostrei toda a compaixão que ele esperava, pois veemente continuou: "Sim, ela se antecipa a todos os meus desejos, antes mesmo de eu os manifestar". Não pude deixar de lhe dizer, esperando acalmá-lo: "Em geral os maridos, que reclamam de suas mulheres, acusam-nas do contrário!" — "Ah! respondeu ele, mais exaltado ainda, eles não conhecem sua felicidade."

Eu estava tendo dificuldade em compreender seu problema conjugal. Mas, por outro lado, confesso que era imensa minha curiosidade de conhecer essa mulher, cuja perfeição tinha tão deploráveis efeitos. "Você está bem instalado?... Seus filhos já devem estar crescidos?..."; eram perguntas traiçoeiras para que ele me convidasse a sua casa. Mas ele não parecia perceber o anzol que lhe era jogado. Em nome de nossa velha amizade, fui um pouco mais ousado: "Gostaria de conhecer sua família". A visita foi marcada.

Lembro-me que, ao subir as escadas, dava-me a mim mesmo estes sábios conselhos: "Não fique olhando para ela o tempo todo". Pois eu sabia que a tentação seria não afastar os olhos dessa "mulher perfeita", enquanto não tivesse penetrado em seu segredo.

Foi lá pelo fim do jantar que entrevi a explicação para esse drama conjugal. Antiga monitora de escoteiras — não quero dizer que todas as antigas monitoras sejam mulheres perfeitas! — tinha procurado conselho junto de mulheres experimentadas (?). Ensinaram-lhe que a mulher modelo, tão logo ouve os passos do marido na escada, ou a chave na fechadura, deve ir correndo ao seu encontro; que, para garantir a fidelidade de um esposo, nada é mais importante do que preparar seus pratos preferidos; que os homens são egoístas e que é grande sabedoria diplomática preparar, antes que ele volte, o cachimbo da noite, a poltrona e os chinelos. Ela conhecia todos esses princípios e jamais pecara contra eles nos seus doze anos de casada. Não creio estar fazendo um julgamento temerário se insinuar que ela julgava — muito humildemente, é claro! — ter atingido o ideal prefixado.

Voltando para casa e sem mais esperar, escrevi uma carta para essa "esposa perfeita", carta que afinal nem despachei. Achei melhor publicá-la no *"L'Anneau d'Or"*, que ela lê e aprecia. Quem sabe ela se reconhecerá, mas o choque será menos brutal. A menos que não acabe vendo ali uma de suas amigas!... Esta é a carta:

Minha senhora. A senhora compreendeu muito bem que amar é prever as necessidades do outro, muito mais ainda quando esse outro é o marido. Sua intuição, que é grande, faz que adivinhe os desejos de Roberto, às vezes antes mesmo que ele os tenha formulado. E sua generosidade, incansável, jamais deixa de os atender.

Como se explica, então, que sua intuição não a fez descobrir o desejo mais profundo de seu marido? Não digo o desejo mais vezes expresso, nem o mais perceptível; mas esse desejo que está inscrito na própria trama do ser humano: o desejo de "prestar para alguma coisa". A senhora sabe muito bem que não existe repreensão mais perturbadora para uma criança do que lhe dizermos num momento de cólera: "Você nunca vai prestar para nada!" É isso; desde a mais tenra idade cada um deseja prestar para alguma coisa. E mais tarde ser útil, necessário para alguém. Isso não é nenhuma surpresa: feito à imagem de Deus, o homem tem necessidade de ser criador, e sua maior alegria é descobrir que é capaz de fazer a felicidade de alguém, ver uma personalidade desabrochar e florescer ao sol de seu amor. É impossível que não exista em seu marido essa aspiração íntima. A senhora não soube até agora descobri-la; não soube apelar para seu amor criador; acabou fazendo dele uma criança mimada. Acontece que, mais ou menos confusamente, ele tem consciência disso: e a senhora espanta-se ao ver que a revolta ferve dentro dele porque não presta para nada!

Andei procurando uma explicação para seu engano, tão cheio de consequências, mas não irreparáveis. Tenho apenas algumas hipóteses. Vou apresentá-las; se nenhuma delas corresponde à verdade, espero que pelo menos ajudem a encontrar uma pista.

É muito possível que no começo do casamento seu marido, tal como o conheço, tenha até procurado encorajar um amor que a levava a nada lhe recusar, a antecipar-se a todos os seus desejos, a se esquecer por ele. E o hábito que ele adquiriu tão facilmente, sem dúvida ainda está solidamente plantado nele.

Outra hipótese: somente seu espírito de abnegação é que estaria em causa. Se a senhora fosse menos virtuosa, estaria exigindo de seu marido cuidados, atenções, presentes. Iria revoltar-se contra sua falta de atenção e suas exigências, e teria reclamado dele; ele, porque a ama, teria superado seu egoísmo, feito algum esforço para lhe agradar, para conservar seu amor, ou pelo menos para evitar aquilo de que os homens têm um horror doentio: "as cenas".

Que a senhora me desculpe, mas vou apresentar uma terceira hipótese, menos simpática. Será que a senhora não tem necessidade dos outros, será que a senhora se basta? Por acaso a senhora cultiva um insaciável contentamento consigo mesma? Será que alguma vez a senhora deixou que seu marido desempenhasse o papel mais importante? Por ocasião de sua primeira visita, e com muita raiva, disse-me ele (e confesso que no primeiro momento não compreendi o que isso significava): "Chego até a desejar que ela cometesse um daqueles pecados cabeludos, e que viesse atirar-se chorando em meus braços". Eu não chegaria a ponto de lhe aconselhar esse "pecado cabeludo"! Mas talvez haja um outro meio de lhe deixar o papel mais importante, e de despertar a generosidade de seu coração.

Quem sabe, durante toda a infância repetiram-lhe essa meia-verdade que em pouco tempo se transforma em grande erro: amar é doar. Pois bem, isso não é verdade: amar é respirar, inspirar e expirar, dar e receber. O amor morre asfixiado quando esse ritmo não é respeitado.

No amor conjugal, a heresia do "amor puro" não é menos perniciosa do que na espiritualidade. A senhora sabe que no grande século, o século dezessete, que foi também um século místico — pelo menos nesse sentido que a Corte e a Cidade estavam interessadas em questões de alta espiritualidade — alguns pretendiam que nosso amor a Deus não é perfeito a menos que se elimine qualquer desejo de reciprocidade, de recompensa, de favores espirituais e até mesmo de salvação. Era, no campo da espiritualidade, o mito da gratuidade absoluta, tão caro a alguns de nossos contemporâneos, mito que, debaixo de uma aparência edificante, oculta sem dúvida mais orgulho do que pureza. Amar o marido tão puramente e tão gratuitamente que nada se espere de volta, é essa sua concepção do amor? Permita-me, então, dizer-lhe que essa é uma heresia, e que ela é mortal para o casal.

"Você já não necessita de mim como antigamente, mas eu, para ser feliz, preciso que precisem de mim." Essa frase, na verdade, é de uma mulher (Katherine Mansfield)[8], mas também poderia ser de seu marido, porque expressa uma lei geral do amor.

Amar alguém é ambicionar não tanto contentá-lo plenamente, mas fazê-lo crescer, e portanto provocá-lo a sair de si mesmo, a se superar, a se gastar, a se doar, em uma palavra: a amar. Como chegar a isso, senão tendo a convicção e fazendo-o compreender que, para chegar a nosso pleno desenvolvimento, realizar nossa missão e chegar à santidade, temos imperiosa necessidade dele, de seus dons, de sua colaboração, de seu amor?

Veja, minha senhora, a pedagogia divina. Aquele do qual todos os seres têm necessidade, e que não pre-

---

[8] KATHERINE MANSFIELD (1888-1923) – Pseudônimo de Kathleen Murry, escritora originária da N. Zelândia. (Nota do tradutor.)

cisa de ninguém, porque ama os seres humanos, quis precisar deles. "Deus precisa dos homens." Ele nos conhece, sabe muito bem que esse é o grande meio para conseguir de nós o que temos de melhor, para nos arrastar aos mais altos cumes. Quis precisar de uma mãe: veja a que alturas de santidade essa vocação levou Maria. Quis precisar de apóstolos: a que perfeição a missão confiada a Paulo não elevou sua personalidade humana e espiritual!

Saber precisar daquele a quem damos tudo, aí está a grande perfeição do amor.

# Adquiri um homem com a ajuda de Javé

Era o último dia da sessão. Vinham alguns apresentar suas decisões e orientações de vida que queriam tomar. Alain L. é um empresário agrícola, pai de três filhos. Depois de falar de sua vida espiritual e de suas responsabilidades sociais, falou-me da mulher, dos serviços que ela presta ao clero da região, clero pouco numeroso e sobrecarregado: "É por isso, diz ele, que estamos pensando em não ter outros filhos". Sem dúvida por alguma coisa em minha expressão, da qual eu nem tinha consciência, percebeu que sua pequena frase encontrava em mim certa resistência. "O que o senhor pensa?", acrescentou ele. Respondi que não iria ter uma opinião tão segura sobre uma questão assim vital para seu lar.

Diante de sua solicitação, apresentei algumas reflexões sobre o significado cristão da fecundidade.

— Pelo batismo, vocês renunciaram à posse de si mesmos e deram-se ao Cristo, para estar com ele a serviço da paternidade de Deus. Pois bem, para dispor de seu corpo, enquanto princípio de geração, vocês devem procurar conhecer a vontade do Senhor. Gerar um filho é para o cristão dar uma resposta a um apelo de Deus, desejoso de prodigalizar, em um novo ser, as riquezas de seu coração paterno.

— A Igreja não tem outros membros a não ser aqueles que recebe dos lares. Seus padres, seus missionários, leigos ou religiosos, seus contemplativos, numa palavra, todos os seus filhos; aliás, onde ela os poderia encontrar?

— Gerar, porém, não é apenas questão de amor a Deus e à Igreja, mas é questão também de amor pelo filho. Qualquer outro amor, fora do amor paterno, traz um bem ou uma alegria suplementar a quem já possui esse bem fundamental que é a vida. A paternidade, porém, doa esse bem primeiro, que não se pode comparar com nenhum outro. E não se trata do dom de um dia: quanta inteligência, quanto amor, quantos esforços são exigidos para que desabroche a vida física e espiritual de um filho!

— Em comparação com uma criança, como são modestas as outras obras de homens e mulheres, às quais, no entanto, consagram tantas forças, ciência e tempo! As catedrais, as próprias pirâmides não resistem à erosão do tempo; um dia não serão mais que ruínas, poeira e até menos que isso; enquanto que brilhará, indestrutível, uma estrela a mais no céu de Deus. Claro, não se trata de defender uma fecundidade inconsciente, nem tampouco de subestimar as produções e as atividades humanas: trata-se apenas de respeitar a escala dos valores.

— E depois, o filho é muito mais que um filho. Olhe no berço seu filho recém-nascido que dorme, punhos fechados. Suponha que ele, como vocês, tenha três filhos que, por sua vez, tenham também três filhos cada um — e assim por diante. A quinta geração nascida dessa criança já será formada por 249 pessoas. E se somamos essas cinco gerações, chegamos ao total de 363 pessoas saídas dessa criança, que um dia vocês decidiram pôr no mundo. Ver, para além de um filho, sua descendência inumerável, não era a isso que Javé convidava Abraão, quando o fez sair da tenda para contemplar o céu formigante de estrelas: "Assim será tua posteridade"?

— Por mais importantes que sejam nossas atividades profissionais, sociais, que podem elas significar em comparação com todas as atividades somadas dos descendentes de um só de seus filhos, entre os quais haverá — e vocês têm o direito de o esperar, e por outra parte isso depende de vocês — grandes corações e grandes talentos, padres e mulheres consagradas a Deus. E santos... por que não? Gosto de pensar no orgulho de Eva que acabou de pôr no mundo seu primeiro filho. Ela exclama triunfante: "Adquiri um homem com a ajuda de Javé!".

Sim, é uma grande coisa a fecundidade carnal. E a fecundidade espiritual é ainda maior. Aliás, essa fecundidade não é monopólio daqueles que, por amor a Cristo, renunciam a fundar um lar — padres, religiosos, religiosas. Vocês também, cristãos casados, saibam ver nessa fecundidade espiritual a mais alta finalidade de sua união. Mas esse já é um outro assunto.

## Honrar a gratuidade

"As vidas matrimoniais, que não atraiçoam a honra presente no coração do amor, são fontes de virgindade." Se devemos prestar crédito a Coventry Patmore[9] — e eu, de minha parte, estou pronto a fazê-lo — a melhor prova da qualidade de um lar seriam esses seus filhos e filhas que se consagram a Deus.

Muitas vezes tratei desse assunto. Mas quero voltar a ele. Hoje, deixando de lado a vocação sacerdotal, apresento-lhes sem nenhum cuidado oratório a pergunta que me queima: "Por que vocês recusam suas filhas a Deus?"

Não quero generalizar. Ainda há pais que, de boa vontade, consentem que suas filhas vão para a vida religiosa, e há até mesmo alguns que o desejam. São raros, porém, a julgar pelas afirmações que ouço frequentemente e pelas respostas que obtenho quando levanto a questão diante de auditório formado por casais cristãos: "Quem de vocês quer ter um filho padre?" — muitas mãos levantam-se — "E quem deseja ter uma filha religiosa?" — poucas, muitas vezes nenhuma.

Vocês já estão recusando suas filhas a Deus se as educam em um ambiente familiar de onde está ausente a estima pela vida religiosa feminina, especialmente pela vida contemplativa.

---
[9] COVENTRY PATMORE, poeta cristão inglês (1823-1896). (Nota do tradutor.)

A que se poderia atribuir essa falta de consideração pela virgindade consagrada, mesmo entre os melhores? Não vou dar uma resposta a priori, sem uma pesquisa mais avançada. Hoje quero apenas alertá-los e convidá--los a se fazer honestamente essa grave pergunta. Mas, não se deixem enganar por razões que talvez se apresentem logo. Conheço-as muito bem, porque as ouvi muitas vezes: "Religiosa hoje? Hoje temos a assistente social, a enfermeira, a professora de jardim de infância...! As congregações religiosas não souberam evoluir... Muitos de seus membros ainda continuam infantis..." é longa a lista das acusações. Reconheçam que muitas vezes suas objeções não têm nenhum fundamento: são inspiradas menos pelo contato com as religiosas e mais pela leitura de biografias e romances suspeitos, ou por certo desdém de muitos cristãos quando falam das "boas irmãzinhas".

É preciso cavar mais fundo para encontrar a razão verdadeira dessa falta de apreço pela vida religiosa feminina. Em parte está na perda do sentido do sagrado. Não havendo o sentido do sagrado, não haverá também o sentido do "consagrado". Sim, nossos contemporâneos, e até mesmo cristãos que se julgam fervorosos, deixaram que se apagasse neles esse sentido do sagrado que, no entanto, é um elemento fundamental das religiões.

E sem dúvida está em causa o sentido do próprio Deus. Com efeito, existe o sentido do sagrado quando existe o sentido da transcendência, da majestade, da soberania de Deus, da transcendência, da majestade, da soberania de seu amor.

Quando um lar reconhece a Deus pelo que Ele é, não consigo imaginar que ali não exista nenhum desejo de lhe oferecer um ou mais filhos, como os antigos hebreus lhe ofereciam as primícias da colheita e o dízimo de todos os bens.

Em que abismos não está para cair nossa civilização erotizada e materializada, a que fracassos não está para ser levada pelo culto à eficiência, apesar de descobertas sensacionais, se viessem a secar essas fontes de pureza e de oração que são os conventos e os mosteiros? Se vocês se envergonham da *pin-up*, por que não se orgulham da virgem consagrada? Vocês lamentam que tudo é venal, por que não honram o gesto mais belo de gratuidade que existe: a consagração a Deus?

Um pai e uma mãe verdadeiramente cristãos não haveriam de pedir humildemente que o Senhor escolha em sua família aquela que haverá de renunciar a qualquer outro amor e a qualquer outra tarefa para estar, durante toda a vida, atenta aos menores desejos de seu Deus, intercedendo junto dele em favor desta humanidade miserável e criminosa, que o fogo do céu sem dúvida aniquilaria, se não houvesse virgens vigilantes (como santa Genoveva velando sobre Paris adormecida)?

Não está totalmente desfigurada, porém, uma característica da mentalidade cristã: a admiração e até a reverência que muitos ainda têm para com Maria. Mas não parece que os cristãos muitas vezes esquecem que ela em primeiro lugar é virgem, a santa Virgem? Um dia, numa pequena aldeia do Oriente Próximo, uma jovenzinha radiosa intuiu que consagrar a Deus sua virgindade seria uma maneira de honrá-lo melhor que as hecatombes de cordeiros e de touros imolados no templo de Jerusalém. E Deus visitou-a, e por ela deu-nos o Salvador.

## O dever de sentar-se

*H á palavras que dizemos ou escrevemos, não sem lhes dar importância, é claro, mas sem lhes dar mais importância que a outras. E eis que elas continuam sempre verdes e a se multiplicar; plantamos uma árvore e vemos nascer uma floresta.*
 *Foi a aventura da expressão "Dever de sentar-se". No outono de 1945, a revista "L'Anneau d'Or" publicava um breve editorial intitulado "Um dever desconhecido". Depois esse "dever de sentar-se" demonstrou uma vitalidade espantosa, e a expressão tornou-se, para milhares de casais, uma senha e uma palavra-chave.*
 *Não se trata, certamente, de um dever fácil. Entre os esposos encontra muitas resistências psicológicas e morais. Isso não impede que aqueles que o adotam nele encontrem socorro para evitar desvios e manter-se na direção do ideal entrevisto, para alcançá-lo progressivamente.*
 Cristo, no capítulo 14 de São Lucas, ensina o "Dever de sentar-se": "Quem de vós, querendo construir uma torre, primeiro não se assenta para calcular o custo e ver se poderá chegar ao fim? Para que não aconteça que, tendo lançado os alicerces, e não podendo depois concluir, todos que o vejam comecem a zombar dizendo: eis um homem que começou a construir e foi incapaz de chegar ao fim!"

Hoje, neste século de velocidades vertiginosas, é mais oportuno do que antes recomendar esse dever desconhecido.

Penso não estar fazendo um julgamento temerário ao afirmar que os melhores casais cristãos, aqueles que não deixam nunca seu dever de se ajoelhar, frequentemente se dispensam do dever de se sentar.

Antes de começar a construção de seu lar, vocês devem confrontar seus pontos de vista, pesar seus recursos materiais e espirituais, e elaborar um projeto. Mas depois que começaram a obra, será que não descuidam de se sentar para examinar juntos a tarefa realizada, reencontrar o ideal entrevisto e consultar o Mestre de obras?

Conheço as objeções e as dificuldades, mas sei também que a casa acaba por desabar quando não se cuida da estrutura. No lar que não perde tempo parando e refletindo, muitas vezes se introduz a desordem material e moral, e se instala traiçoeiramente; a rotina passa a dominar a oração da família, as refeições e todos os momentos da vida familiar; a educação fica reduzida às reações mais ou menos nervosas dos pais; a união do casal começa a se rachar. Esse "deixar rolar" nós o podemos ver não apenas na vida de casais sem formação e ignorantes dos princípios elementares da educação e das bases da espiritualidade conjugal, mas até em casais considerados competentes em ciências familiares, e que de fato o são... teoricamente. Porque não tomam a distância necessária, os esposos já não veem o que é percebido pelas visitas tão logo entraram: essas negligências que os amigos comentam desolados, sem coragem de falar com os interessados, com medo de despertar incompreensões ou susceptibilidades.

Há casais que perceberam o perigo. Procuraram e adotaram diversos meios para evitá-lo. Ainda há pouco tempo um deles me dizia, a partir da sua experiência, como é útil para os esposos deixar cada ano os filhos e ir descansar juntos, ou fazer uma viagem de uma semana. Mas talvez vocês pensem que nem todos podem ter essa ajuda de amigos ou parentes, a quem confiar os filhos. Há, porém, outras soluções. Três famílias, por exemplo, juntaram-se para as férias e foram para uma mesma cidade; cada casal pôde ausentar-se uma semana, deixando aos dois outros o cuidado das crianças.

Para evitar que a rotina tome conta do lar, há um outro meio sobre o qual quero falar um pouco mais longamente. Tomem sua agenda e, como marcam uma ida ao cinema ou uma visita a amigos, marquem um encontro consigo mesmos. Fique bem claro que essas duas ou três horas são "tabu", ou melhor: sagradas, para usar a expressão mais cristã! De nenhum modo permitam que algum motivo, que não os faria suprimir uma reunião ou desmarcar um jantar com amigos, os faça faltar a esse encontro marcado com vocês mesmos.

Como usar essas horas? Em primeiro lugar decidam que vocês não têm pressa. Uma só vez não cria costume! Abandonem a praia: a todo o custo é preciso esquecer as preocupações imediatas. Vão para o alto-mar. Leiam juntos uma página ou um capítulo bem escolhido de um livro reservado para essa hora privilegiada; por exemplo, a Bíblia.

Em seguida — a menos que tenham começado por aí — orem por um longo momento. Se possível, que cada um faça em voz alta uma oração pessoal e espontânea: essa maneira de orar — sem pôr defeito nas outras — aproxima milagrosamente os corações. Postos assim na paz do Senhor, manifestem um ao outro seus pensamentos, suas confidências, suas reclamações, tudo isso que não é fácil e muitas vezes não é aconselhável exprimir ao longo de dias atarefados e barulhentos, mas que, por outro lado, seria perigoso deixar trancado no segredo do coração, pois, vocês sabem muito bem, há silêncios que são inimigos do amor. Mas não percam tempo demais consigo mesmos nem com as preocupações do momento: façam uma peregrinação às fontes de seu amor, reconsiderem o ideal entrevisto quando juntos, com passos alegres, começaram a caminhada. Renovem seu fervor. "É preciso acreditar no que se faz e fazê-lo com entusiasmo." Voltem depois ao presente, façam um confronto entre ideal e realidade, façam o exame de consciência do lar — não estou falando de seu exame de consciência pessoal —, tomem as decisões práticas e oportunas para curar, consolidar, renovar, arejar, abrir o lar. Ponham nesse exame lucidez e sinceridade; cheguem às causas do mal diagnosticado.

E por que vocês não haveriam de gastar alguns momentos a "meditar" cada um de seus filhos, pedindo antes que o Senhor ponha "seus olhos em seu coração" — essa é uma expressão bíblica — para que vocês possam vê-los e amá-los como ele os vê e ama. Assim vocês saberão como ajudá-los do ponto de vista de Deus.

Finalmente e antes de mais nada procurem ver se Deus de fato é para vocês quem é servido em primeiro lugar.

Sobrando tempo, façam o que lhes agrada mas, por favor, não voltem para os trabalhos domésticos ou para a televisão. Vocês não têm nada mais a dizer? Fiquem juntos em silêncio, talvez esse não seja o momento menos proveitoso. Lembrem-se desta palavra de Maeterlinck[10]: "Nós ainda não nos conhecemos, ainda não temos coragem de ficar juntos em silêncio".

---

[10] MAURICE MAETERLINCK (1862 - 1949), dramaturgo belga, ensaísta e poeta. (Nota do tradutor.)

Seria muito importante colocar por escrito tudo aquilo que se descobriu, estudou, decidiu durante o encontro — mas isso pode ser feito depois por um dos dois — para o reler juntos por ocasião do próximo encontro.

Esse dever de se sentar que acabei de lhes apresentar nada mais é que um meio para conservar jovem e vivo seu amor e seu lar. Certamente que haverá outros. Mas esse, adotado por muitos casais, já foi comprovado.

## Amor e solidão

Como o roçar de uma sombra, como o deslizar da serpente na relva alta, como o surgir de uma obscura lembrança que logo desaparece, às vezes se manifesta no coração do esposo ou da esposa — por mais que se amem — o sentimento de solidão. Ele sabe escolher a ocasião: um momento de cansaço, uma espera que se prolonga, uma vigilância menor do coração. Esquiva-se rápido, tão rápido que nem temos certeza de ter percebido alguma coisa. Um erguer de ombros, um sorriso incrédulo, um instintivo sobressalto de amor bastam para dissipar a impressão penosa. Porém, não deixa de ser um primeiro aviso. Dissimulado, o visitante volta e cada vez, depois de sua passagem, deixa um rastro de inquietação incerta no fundo da alma. Até que um dia não mais disfarça. Então era de fato ele, esse velho sentimento de solidão, que atormentava tanto o coração na adolescência. A gente pensava que estivesse exorcizado para sempre. O amor, o belo amor triunfante de cinco, dez, quinze anos não o tinha definitivamente afastado?

Ah! Como a gente se defende mal contra esse intruso: inquietação, medo, vergonha ou fuga... Porque a gente não o compreende, reage de maneira desordenada.

"Não éramos feitos um para o outro? Será que já não amo? Será que estou desiludido? Estarei escorregando para a depressão?..."

Para falsas hipóteses a resposta são falsos remédios: diversões, resignação, enrijecimento do sentido do dever, fidelidade cega, consulta ao psiquiatra... Por que não se procura em primeiro lugar clarear a questão com calma, lucidez e coragem? É isso; em primeiro lugar é preciso compreender.

Se refletíssemos sobre o sentimento de solidão, veríamos que aparece pela primeira vez naquela idade em que surge a percepção da personalidade: quando o adolescente toma consciência de sua diferença, descobre-se como ser único, igual a nenhum outro.

Após os primeiros meses de vida, em que está como que identificada com sua mãe, a criança vive num estado de confusão afetiva em relação à família. Depois, pouco a pouco, ela que falava de si mesma na terceira pessoa, começa a utilizar o "eu", começa a manifestar certa autonomia, a se afirmar no seu ambiente e eventualmente a adotar um tom de reivindicação. Depois entra em contato com as outras pessoas e faz a aprendizagem da vida social. Na verdade, ainda durante anos estará à vontade em seu ambiente: grupo, família, colegas. Mas chega um momento crítico em que se defrontam sua personalidade nascente e o meio social. É então que nasce o sentimento de solidão. Agora a vida em grupo já não pode dar resposta à necessidade mais profunda de uma jovem personalidade; ela tem necessidade de "comunhão", do relacionamento de pessoa a pessoa, desse diálogo em que dois seres autônomos põem em comum o melhor deles mesmos. Comunhão que se procura primeiro na amizade, que depois se realiza muito mais estreita no amor conjugal e no casamento, pois "não é bom que o homem esteja só", como diz o Senhor.

Essa é a explicação do sentimento de solidão: essa aspiração à comunhão. É por isso que persiste enquanto não se consegue a comunhão, e desaparece tão logo ela é alcançada. Comunhão, reciprocidade de consciências, dizem os filósofos, em que dois parceiros têm a convicção de serem um, e ao mesmo tempo de jamais terem vivido uma vida pessoal tão intensa.

Esse sentimento de solidão volta muitas vezes alguns anos depois do casamento. Pode não passar da revivescência de um estado de alma adolescente, se o casamento não chegou a ser uma verdadeira comunhão de pessoas[11]. Por outro lado, quando duas pessoas chegaram a uma autêntica comunhão de amor, e na fidelidade a Cristo, esse sentimento de solidão tem um significado totalmente diferente. Que eles se lembrem da experiência de outrora: o sentimento de solidão revelava uma necessidade de comunhão. Mas é de outra comunhão que se trata agora. A personalidade humana chegou a uma situação em que, para atingir sua plenitude, precisa entrar em comunhão com Deus. (Nem é preciso dizer que o encontro pessoal com Deus pode ser anterior ao casamento.) Deus, que já não é apenas uma noção, um ser do qual se ouviu falar, mas alguém que encontramos e com quem se estabelece um diálogo, uma intimidade — aquilo que Jó exprimia nestes termos: "Até agora eu não te conhecia senão por ouvir dizer, mas agora meus olhos te contemplaram" (Jó 42,5).

Seria um erro, e grande, voltar-se contra o cônjuge ou contra o amor. Ao casamento vocês devem não apenas

---

[11] Essa situação mereceria estudo que vai muito além da pretensão deste artigo.

ter aprendido que a solidão da adolescência era aspiração à comunhão conjugal, mas também o fato de terem sido levados a desejar uma outra comunhão, um outro casamento, aquele da alma com seu Deus.

Os jovens sorriem, incrédulos e escandalizados, ao ler a célebre frase de Paul Valéry[12] — vendo nela apenas o repente de um cético: "Deus criou o homem, mas achando que não estivesse suficientemente só, deu-lhe a mulher, para mais o fazer sentir a solidão". Os jovens enganam-se. A grande vantagem do casamento é fazer amadurecer no coração dos esposos certa qualidade de solidão que, longe de os separar e de nutrir em cada um deles acusações contra o outro, os aproxima na ternura e no reconhecimento. A partir desse momento, se eles compreendem, se consentem, seu amor será, de acordo com os desejos de Rilke[13], "duas solidões que se protegem, se completam, se limitam e se inclinam uma diante da outra".

Que não tenham medo de mergulhar cada um em sua solidão. Que cada um ouça a palavra do Senhor transmitida por Oseias[14]: "Eu a conduzirei ao deserto e lá lhe falarei ao coração", e o comentário de Santa Teresa: "O que importa antes de tudo é entrarmos em nós mesmos para aí ficar a sós com Deus".

Como, porém, será isso possível sem ofuscar o amor conjugal e sem correr o risco de o comprometer? É normal que nos façamos a pergunta, que nos sintamos tomados de pânico diante desse salto no vazio. A única resposta, a única segurança está numa fé sem reserva na palavra de Cristo: "Quem perder sua vida haverá de salvá-la".

---

[12]Paul Valéry (1871-1945) poeta, ensaísta e crítico francês. (Nota do tradutor.)
[13] Rainer Maria Rilke (1875-1926) poeta alemão. (Nota do tradutor.)
[14] Oséias 2,16. (Nota do Tradutor)

Seria então necessário "perder nosso amor"? Sim, digamo-lo francamente, existe um "perder", um desapego essencial que temos de aceitar (veja 1Cor 7,29-31). Mas apenas para que seja "salvo" e reencontrado — e cem vezes mais — o que antes foi "perdido". Os que o experimentaram aí estão para dar testemunho.

Que dois esposos, não *apesar* de seu amor, mas *graças* a ele, cheguem a esse estágio da vida conjugal em que, terna e pacientemente, se ajudam mutuamente a progredir no caminho de solidão que leva ao Senhor; que eles encontrem no dia a dia, na imagem do amor do Cristo pela Igreja que é seu casamento, luzes e socorro para compreender a vida de intimidade com Deus e nela progredir; que a partilha das riquezas de sua solidão faça sua intimidade chegar a profundidades que nem podiam imaginar no início de seu casamento, não foi para elevar o amor a essa perfeição que o Cristo fez do casamento um sacramento?

Nosso grande tormento na existência é que estamos eternamente sós, e todos os nossos esforços e todos os nossos atos nada mais são que tentativas de fugir dessa solidão.

Guy de Maupassant

É assim em todos os quartos de hotel, todas as horas da noite são difíceis para o homem só. E eis agora minha velha angústia, lá, no vazio de meu corpo, como ferida infeccionada que a cada momento me irrita. Sei o seu nome. É medo da solidão eterna, medo que não exista resposta.

Albert Camus

Todo o homem está sozinho no meio da caravana, ó viajante.

A. Mary

É no isolamento que se aprendem mais os segredos da Arte, e a Beleza, como a Sabedoria, ama o adorador solitário.

O. Wilde

O homem mais forte de toda a terra é aquele que está mais sozinho.

H. Ibsen

Haverá sempre solidão para os que a merecem.

Barbey d'Aureville

Todo o nosso mal vem de não podermos estar sozinhos: daí nascem o jogo, o luxo, a dissipação, o vinho, as mulheres, a ignorância, a maledicência, a inveja, o esquecimento de nós mesmos e de Deus.

La Bruyère

Toda a desgraça dos homens vem de uma única coisa, que é não saberem ficar quietos num quarto.

Pascal

Quantas vezes constatei que a inteligência cresce e se eleva quando vivemos sós; diminui e se rebaixa quando de novo nos misturamos com os outros homens.
Guy de Maupassant

Seja bem-vinda, Solidão, minha mãe...
Solidão, minha mãe, diga-me de novo minha vida.
O. -V. de Lubick Milosz

Se voltamos à solidão, torna-se cada vez mais claro para nós que ela não é algo que possamos tomar ou deixar. Nós somos solidão. Podemos iludir-nos, como se isso não fosse verdade. Mas apenas isso. Como seria melhor compreender que somos solidão, sim, e partir dessa verdade! (*Lettre à un jeune poète*, Ed. Grasset)
R. M. Rilke

A solidão não depende do exterior. É algo lá de dentro.
E. Estaunié

A vida nada mais é que a aprendizagem da solidão, e o casamento o meio mais sutil para ali chegar?
L. e S. Couderc

Se você achar que é grande sua solidão, alegre-se. Diga para si mesmo: que seria de uma solidão que não fosse uma grande solidão? A solidão é uma só: por essência é grande e pesada de se carregar. Quase todos conhecem horas que de boa vontade trocariam por um contato qualquer, por mais banal e medíocre que fosse, pela aparência do menor acordo com a primeira pessoa encontrada, mesmo a mais indigna... Mas, pode ser que essas horas sejam exatamente aquelas em que a solidão aumenta, e seu crescimento é doloroso como o crescimento das crianças, e triste como os últimos dias antes da primavera. Não se perturbe demais com isso. Uma só coisa é necessária: a solidão. A grande solidão interior. Fechar-se em si mesmo, e durante horas não encontrar ninguém, a isso é que se deve chegar (*Letre à un jeune poète*, Ed. Grasset).

R. M. Rilke

O que é preciso é a solidão do coração e do espírito. Sem ela, ainda que você estivesse sozinho no mundo, não estaria solitário. Com ela, ainda que estivesse no meio de todas as multidões do mundo, você seria um solitário.

J. de Ruysbroek

## Se deixasse de amá-lo

Depois de doze anos e meio de casamento, uma mulher sem filhos percebeu que o marido a enganava. Nesse momento crucial para o casamento, encontrou um padre que não conhecia e, por isso mesmo, revelou-lhe seu drama. Esse padre, ignorando quase tudo a respeito dela e de seu casamento, preocupou-se em fazê-la enfrentar algumas perguntas.
  Durante mais de um ano voltou a vê-lo a intervalos regulares. A seu pedido, ele lhe enviava resumidos os pontos tratados durante a conversa.
  A crise no casamento evoluiu muito lentamente em direção a uma solução feliz. Alguns anos mais tarde, encontrando esses bilhetes, ela estava a ponto de queimá-los, mas um escrúpulo não lho permitiu. Enviou-os, pois, ao padre com estas palavras: "Faça deles o uso que quiser. Esses bilhetes muito me ajudaram; quem sabe poderão ajudar outras mulheres. Às vezes basta uma frase para iluminar, para salvar uma vida".

10 de julho de 1960
  Faça um esforço para o compreender. Supere a barreira: passe para o seu campo. E por amor dele — não em primeiro lugar por amor de si mesma — ajude-o a ser novamente fiel. Enquanto você continuar do seu próprio

lado, enquanto não se colocar no ponto de vista dele, você se condena a ser inútil para ele.

Por que não ver senão uma traição voluntária e premeditada no que lhe aconteceu? Talvez sua infidelidade seja apenas de ordem carnal e, nesse caso, é provável que ele não esteja menos preso a você. Por que negar que ele ainda a possa amar? Portanto, não ponha a perder seu amor.

Por que esse tom zombeteiro e desencorajador se ele tenta um gesto ou uma palavra de ternura? As fraquezas, os ardores da carne não significam sempre que o coração esteja gravemente enfermo.

Se a infidelidade dele vem do coração, o ponto de partida talvez não seja tão baixo como você imagina. Tudo pode ter começado com um sentimento de piedade: teria ele querido socorrer um ser frágil, abandonado e angustiado...?

8 de agosto de 1960

Ele irá atravessar horas de luta angustiada, horas de fraqueza, das quais se envergonhará, mas também horas de recuperação que o levarão em sua direção. É preciso que então ele encontre junto de você a acolhida da qual ele terá necessidade para recuperar o rumo.

Quem sabe já quis romper com essa mulher, mas recuou com medo do sofrimento que iria provocar?

Sou tentado a pensar que ele vive uma divisão horrorosa. Não é o que você me dizia?: "Ele já não mostra aquela felicidade que, no começo, não conseguia disfarçar, e que me fazia tanto mal, porque me fazia lembrar a outra felicidade, aquela que eu tinha visto em seu rosto, doze anos atrás, quando o encontrei pela primeira vez".

29 de agosto de 1960
Você me fala de suas contradições: certas horas ele parece contar com seu amor; outras, parece fazer tudo para o desencorajar.

Uma vez que não o conheço pessoalmente, posso apenas levantar hipóteses. Uma delas, sugerida pelas confidências de um homem que a mulher conseguiu salvar do pior. Nesse homem, o desgosto consigo mesmo tinha-o levado ao desgosto pela vida. Estava fascinado pelo abismo do desespero. E, para se deixar cair, era preciso que pudesse negar toda e qualquer bondade, toda e qualquer ternura. Impossível: a lembrança, a certeza, o fato irrecusável da ternura de sua mulher impunham-se a ele. Retinha-o um laço que não se podia romper, impedindo-o de fazer o salto no desespero. Em vão se esforçava para desencorajar o amor da esposa. Ela o amava. E ele não conseguiu chegar a se odiar, a se destruir, a se jogar na morte.

Você também, peço-lhe, aguente, aguente firme; que seu amor não desfaleça, diga seu marido o que disser, faça o que fizer.

Não perca de vista nele essa imagem de Deus, mais ou menos soterrada, esse tição debaixo das cinzas. A poder de ternura você o fará reencontrar o amor de si mesmo, o amor por você e por Deus.

3 de outubro de 1960
Não dê atenção àqueles que dizem que todos os meios são bons para o reconquistar, não... Não utilize senão armas leais, as armas do amor. O amor tinha feito você sair de si mesma: isso deve continuar ponto pacífico. Atenção, o sofrimento ameaça afogá-la em si mesma.

Você está profundamente humilhada, ferida por tudo isso. Eu a compreendo, mas será que a ofensa feita a Deus a perturba tanto quanto a que é feita a você?

17 de novembro de 1960
Ele vê que você está triste, nervosa. Houve tempo em que isso o comovia, mas hoje o exaspera. Ele a acusa porque está cansada, porque não consegue dormir..., bem, é que isso o incomoda! Seria tudo muito mais "fácil" se você estivesse radiante, e ele pudesse dizer que não lhe está tirando nada ao dar à outra. Que fazer? Cultivar a tristeza para o comover? ou mostrar-se alegre para evitar as cenas? Não, nem chantagem ao coração, nem comédia da felicidade. Desconfie; qualquer chantagem seria logo percebida; não é a chantagem, mas o amor que pode vencer. Por outro lado, não seja cúmplice. Talvez ele tente fazê-la conhecer "a outra", fazer que você aceite sua presença nas saídas, nas recepções, em sua casa... Não é preciso que, sob o pretexto do amor de Deus, você abdique de sua dignidade.

Recusar-se a ele? Você o pode fazer. Mas será isso o melhor amor? Não se trata de ter razão contra ele, trata-se de chegar a esse amor melhor, e de nele encontrar a luz quanto ao que você deve fazer. Moleza, fraqueza não é atitude cristã, estamos de acordo; mas o perdão não é moleza. O discípulo de Cristo deve aprender a perdoar até setenta vezes sete, como lemos no Evangelho.

Não dê ouvidos aos que aconselham a separação. Não transforme uma *crise* em *estado*. Pedir a separação, na situação atual, seria renegar seus compromissos; seria abandoná-lo. Não responda à infidelidade com infidelidade.

10 de dezembro de 1960

Esse drama em sua vida parece-lhe absurdo, é verdade; mas tem um significado: tudo tem significado em um mundo em que nada escapa à providência de Deus. E isso põe à prova sua fidelidade. É também a purificação de seu amor: é preciso que você elimine todos esses germes de idolatria e de egoísmo que subsistem durante tanto tempo em qualquer amor. Não se negue à purificação.

Não permita que o pecado dele produza em você os perniciosos frutos do ciúme, do rancor, do ódio e o arrependimento pelos dons que já fez.

Diz-me você: o pecado pode ter alguma coisa de bom, pode produzir bons frutos? O pecado, claro, enquanto um mal, não! Veja, porém, o filho pródigo do Evangelho: sua falta fez jorrar do coração do pai essa espantosa misericórdia, que existia nele como fonte secreta. Obrigue o mal a produzir bons frutos em você, frutos de amor desinteressado, frutos de perdão. Isso é resgatar; isso é reparar o mal: forçá-lo a produzir o bem, um acréscimo de amor. Essa é a única vingança legítima.

4 de janeiro de 1961

Não diga: "Nosso casamento perdeu sua razão de ser. Essa imagem da união do Cristo e de sua Igreja, que é o casamento cristão, foi profanada". Você tem razão de voltar a essa grande noção fundamental. Mas, justamente nesse plano, sua fidelidade como resposta à infidelidade dele tem uma significação magnífica. É testemunha da imperturbável fidelidade do Cristo, que o pecado da humanidade não consegue desencorajar.

17 de fevereiro de 1961
"Já não o amo." Fiquei muito surpreso ao ouvi-la dizer essa pequena frase terrível. Mas então, se isso fosse verdade, a infidelidade dele seria menos grave que a sua. A dele talvez seja uma simples fraqueza da carne, enquanto que a sua seria fraqueza do coração. Emprego o condicional, pois me recuso a crer que você já não o ame. Penso mesmo que irá descobrir o verdadeiro amor. Ou melhor, não, seu amor até agora era verdadeiro, mas seu amor novo será de uma qualidade mais rara: será feito de desinteresse e de gratuidade.

Gostaria de ouvi-la admitir que tem pelo menos cinco por cento de culpa no que aconteceu; com isso sua atitude para com seu marido já seria muito mais justa. Estaria você esforçando-se para conquistá-lo cada dia? Soube defendê-lo contra ele mesmo? Teve ciúme, não esse ciúme egoísta que é a doença do coração, mas esse ciúme de amor que é desejo de proteger o ser amado, de defendê-lo contra aquilo que, nele ou fora dele, ameaça seu amor?

Depois da última conversa andei também a me perguntar se você não o "forçava", no sentido em que o jardineiro *força* uma planta? Será que, durante anos, você não o forçava a ser aquilo que você gostaria que ele fosse, de acordo com o ideal que você se fazia do marido cristão, de acordo com esse ideal que você precisava que ele encarnasse? E então, um dia, ele sentiu a necessidade de romper essa tutela. Que haveria de surpreendente?

20 de abril de 1961
Que essas horas de provação não a façam esquecer os que estão ao seu redor e precisam de você.

Diante deles, a todo o custo, mantenha as aparências, ou melhor, o essencial, firmando em você mesma essa paz que é fruto do perdão, do desinteresse, da oração, do apego a Deus. Salvar o essencial é a única maneira de salvar as aparências. Não deixa de ser verdade porém que, às vezes, nas horas da tempestade, salvar as aparências ajudará a salvar o essencial.

Não faça como essas mulheres que contam a todas as amigas, confidencialmente, o drama conjugal que estão atravessando. Com isso perderia o vigor de sua alma, e não saberia resistir à tentação de cevar sentimentos de rancor, de maldade, que aliás renasceriam e se fortaleceriam à medida que fossem cevados.

16 de junho de 1961

Defenda-se da reação que eu chamaria de "esportiva": "Começou uma luta pela posse de meu marido. Uma batalha foi perdida, é verdade, mas não foi um combate leal, foi pura traição. Eu, porém, serei mais forte e minha adversária será batida".

A resignação não seria melhor. Desconfie desse demônio, a seu lado, que tentará afastá-la de seu sofrimento e de seu marido, que se esforçará por torná-la cega diante daquilo que poderia suscitar sua admiração e sua ternura por ele, que tentará levá-la a procurar com amarga satisfação seus erros e faltas, a marcar pontos e a colecionar agravos.

Muito perto da resignação está a fuga para o espiritual. Que muitas vezes é procura de compensações. E também desejo de salvar o orgulho ferido. Não nos vexamos de ter boas razões para desprezar o pecado, e até mesmo o pecador, para poder aumentar nossa estima por nós mesmos. Daí pode vir o desejo que o marido não caia em si, para preservar essa personagem que criamos para nós, da mulher corajosa e edificante em meio à aprovação; daí também o desencorajamento a suas tentativas de volta — antes mesmo que se manifestem — fazendo morrer nos lábios a confissão, a confidência, a palavra perigosa que poderia restabelecer o contato, fazendo tudo, numa palavra, para não ser tirada desse conforto moral que se conseguiu não sem grande dificuldade e não faz tanto tempo.

Certas mulheres tornam-se extremamente habilidosas em evitar tudo o que pudesse torná-las amáveis aos olhos do marido, da mesma maneira que antes eram hábeis em tudo fazer para lhe agradar. Sedução ao contrário.

Lembro-me agora de uma palavra terrível: "Ela fugia das trilhas em que me poderia encontrar, e afundava-se na devoção".

É no seu sacramento do matrimônio que encontrará as graças necessárias para evitar todas essas armadilhas. Você precisa recorrer a ele. Isto é, precisa dirigir-se ao Cristo invocando o dia em que, no sacramento, ele se comprometeu a defender o casamento de vocês. Aí encontrará força para fazer a passagem do amor à caridade. Essa passagem deverá ser um dos principais resultados da provação. Sem dúvida seu amor por ele não era estranho à caridade, mas era ainda humano demais. É tempo que se torne caridade, isto é, amor do Cristo em você por seu marido. Transformação que não acontece sem dor. Mas precisamente aí está um dos sentidos do drama que você está vivendo.

21 de julho de 1961

E principalmente, nada de represálias. Não baixe a cortina de ferro. Se você lhe recusa a visão de sua alma, do melhor de você mesma, estará fechando os caminhos para a volta. Para que ele a ame, é preciso que ele possa admirá-la. Já que você é leitora do *"L'Anneau d'Or"*, lembre-se daquele testemunho intitulado Amor e Sofrimento, daquela mulher que reconquistou o marido revelando-lhe sua vida cristã que renascia. Não pense que tem direito de negar a seu marido aquilo que a faz viver em profundidade. Não estou pedindo que lhe faça pregações, nem que tente qualquer proselitismo indiscreto. Mas, preste atenção aos silêncios que são um jeito de o colocar porta a fora.

12 de setembro de 1961

Faça força para ver o que nele existe de melhor. Os homens, como as crianças, acabam parecendo-se com a imagem que deles fazemos. Se você lhe conserva estima e confiança, obstinadamente, custe o que custar, aconteça o que acontecer, é grande a probabilidade que ele se torne digno dessa estima e dessa confiança, tendo entrevisto em seus olhos aquilo que ele poderia ser no futuro.

Acredite nele, se um dia lhe garantir que tudo está terminado. Não diga: "Que provas eu tenho?". É melhor enganar-se dando-lhe a confiança, que não merece, do que negar-lhe a que merece.

Tenho todos os motivos para pensar que a solução está próxima; mesmo assim tenho de aconselhá-la que leve em conta a possibilidade de a crise se prolongar. Prepare-se, pois, para longas paciências. Se não forem necessárias, dará graças a Deus.

2 de outubro de 1961

Culpo-me por ainda não ter tido coragem de lhe falar da "outra", da "inimiga", como você diz. Você a acusa, como se ela tivesse toda a culpa. Seu marido, porém, talvez seja muito culpado com relação a ela. Você se sente solidária com ele?

Permita-me que vá até o fundo, e que lhe lembre a impiedosa palavra do Cristo — é um ferro em brasa, mas o ferro em brasa não apenas brilha, mas também cauteriza: "Eu, porém, vos digo: amai vossos inimigos, orai por aqueles que vos perseguem, para serdes filhos de vosso pai que está nos céus".

1 de fevereiro de 1962

Ouvindo o que você dizia, parecia-me que sua reação era como se, na vida de vocês dois, houvesse um parêntese que devesse simplesmente ser fechado. Como se tudo o que aconteceu e que lhe fez tanto mal, e que também fez muito mal a ele, devesse ser esquecido. Nada porém é anulado, não se pode fazer que o que existiu não tenha existido. De tudo, mesmo do mal, deve nascer um bem. Estou convencido que, mediante essa crise dolorosa, seu marido conquistou uma nova maturidade. Certamente que há outros caminhos, além das quedas, para favorecer o amadurecimento da alma. Mas a queda também, quando a superamos pela humildade e coragem, é ocasião de amadurecimento.

Você verá; depois da tempestade, nele e em você, o amor conjugal e o amor a Deus sairão maiores da crise superada.

## Os aposentados do amor

Alguns meses atrás, estava fazendo uma refeição com um religioso de certa idade. Era um jesuíta, desse tipo desconhecido do grande público mas que, pela pregação de retiros para padres e religiosos, e todo um ministério de direção espiritual, exerce uma profunda influência. Livre das paixões do homem de ação e da dureza tão comum em homens de governo, irradiava sabedoria e santidade. Junto dele percebia-se uma extraordinária densidade de vida interior. Seu olhar tinha uma intensidade difícil de se suportar, mas seu sorriso dava à fisionomia traço de bondade profunda.

Quando ficou sabendo de minha atividade com casais, fez uma pergunta que visivelmente era importante para ele: "Que sinal lhe permite reconhecer, nos casais, que está começando o declínio do amor?".

Minha primeira reação foi dizer que os sinais são numerosos e vários; mas não cedi a esse primeiro impulso, e procurei descobrir se não haveria um sinal presente mais ou menos em todos os casos. Depois de um momento de reflexão, que sua presença parecia favorecer, respondi: "Decidir não fazer mais pela pessoa que se ama: aí está, tenho certeza, não apenas o sinal mas, em primeiro lugar, a causa do declínio do amor. Entenda-se bem: 'fazer mais' pelo bem e pela felicidade de um ser consiste às vezes em incitá-lo a fazer mais, ele também, pelo nosso bem e pela nossa felicidade".

Sua extrema atenção à minha resposta levou-me a explicitar meu pensamento.

"Veja um amor jovem, um amor verdadeiro: uma de suas características, e sem dúvida sua característica essencial, é o impulso que o leva a querer a felicidade do ser amado. Mas, como essa felicidade pode ser sempre mais perfeita, em quem ama existe como que uma tensão, certa ansiedade, uma constante impaciência pela felicidade do outro, e o sofrimento de não poder fazer mais por essa felicidade. Nisso vejo sinal irrecusável de um amor vivo e vivaz. Para o amor verdadeiro não existe jamais o repouso.

Por outro lado, no dia em que, por cansaço do coração, se diz não a essa tensão interior — que, é claro, não é confortável —, no dia em que se decide não fazer mais pela felicidade do outro, achando que já se fez o suficiente, nesse dia o amor está condenado, talvez se deva mesmo dizer que morreu. Que o amor tenha chegado a grandes alturas, ou esteja apenas começando, a realidade é a mesma: nesse dia o amor perde sua alma. Sobra um devotamento, uma simpatia, uma atração sensível, 'certo amor', mas já não é o amor."

Depois de alguns minutos de silêncio, compreendi a razão da pergunta e o interesse que ele parecia ter em minha resposta. Com efeito, disse como que falando a si mesmo: "Pois então, essa é uma lei fundamental do amor, de todo o amor — seja do amor a Deus ou do amor conjugal: ele não é verdadeiro se não é vivo, impaciente pelo bem e pela felicidade do outro".

"Eu poderia, acrescentou, aplicar palavra por palavra ao amor para com Deus o que o senhor acaba de me dizer do amor conjugal. No coração do jovem religioso, daquele que realmente descobriu Deus, o amor é vontade ardente da felicidade, da glória de Deus, entusiasmo para trabalhar para isso, seja no apostolado, seja na vida contemplativa. E continuamente renasce nele o desejo de fazer mais e melhor. Essa inquietação, essa falta de sossego é a melhor prova de um amor autêntico e vivo. E ainda é preciso fazer notar que 'fazer mais' pela glória de Deus consiste muitas vezes em 'deixar que ele faça', abrir-se a seus dons, entregar-se à sua ação. O Cristo não disse: 'Há mais alegria (há mais glória, para Deus) em dar que em receber'?

Quase sempre chega o momento em que o religioso, como o marido ou a mulher de que o senhor falava, conhece também a tentação de deixar de lado a inquietação. Isso pode ser efeito de uma vida espiritual não bem mantida. Ou ainda uma questão de idade: no jovem religioso, a vitalidade humana coopera com o amor para levá-lo ao dom de si mesmo, mas quando vai baixando o dinamismo biológico, sente-se inclinado a amar mais moderadamente, e deseja curar-se dessa febre que há tantos anos o queima. Se ceder à tentação, se eliminar a inquietação, por isso mesmo seu amor está afetado, senão extinto, terá perdido o que nele havia de melhor. E com isso irá engrossar as fileiras dos aposentados do amor."

# Se ouvir sua voz

Antigamente eu situava a vocação logo depois da adolescência, na idade em que a pessoa, formada, está pronta a tomar seu rumo — seja o casamento, a vida sacerdotal ou a vida religiosa. Toma-se o caminho e, pensava eu, dali em diante trata-se apenas de caminhar em frente. Era uma maneira de ver um pouco ingênua e simplista. O chamado de Deus (e vocação significa chamado) pode fazer-se ouvir mais de uma vez na vida de uma pessoa. Não estou falando do chamado a um crescimento na vida espiritual, a um dom interior mais generoso e mais total. Estou falando do chamado a um novo serviço ao Senhor, chamado que traz consigo uma mudança de profissão ou a tomada de uma nova orientação de vida, mais pobre, mais apostólica ou mais contemplativa. É sempre aquele imperioso e exigente "vem e segue-me" do Cristo, trazendo sempre consigo o "deixa...".

Os verdadeiros filhos de Deus não apenas respondem ao chamado quando se faz ouvir, mas, animados por um amor impaciente por servir, vivem numa atitude de disponibilidade — que não se deve confundir com o gosto pelos gestos espetaculares nem com o prurido da instabilidade.

A história do povo de Deus traz exemplos de vocações célebres. Em primeiro lugar, a do "Pai dos crentes". Avançado em idade, senhor de muitos bens, Abraão vivia num país de civilização evoluída. "Deixa teu país, tua família e a casa de teu pai e vai para uma terra que te mostrarei..." (Gn 12,1). Esse foi o chamado que um belo dia — grande dia para a humanidade — Deus lhe dirigiu. Mais característica ainda é a vida de Moisés. Durante quarenta anos esse hebreu, exilado no Egito, gozou da consideração dos grandes do país. Depois, durante quarenta anos, tendo tido de fugir do Egito, pois sua vida estava ameaçada, ei-lo como pastor nômade nas estepes da Arábia. Finalmente o apelo definitivo: a seu servidor, purificado pela provação e agora já preparado, Javé confia a dura missão de libertar seus irmãos, de fazer de uma turba de deportados um povo, o povo de Deus.

Reencontramos na vida da Virgem Maria essa sucessão de chamados. De começo se pede que consagre sua virgindade; e sem dúvida ela prevê para si uma existência solitária na presença do Senhor. Mas, eis que um dia compreende que deve desposar José, continuando fiel à sua primeira vocação. Depois fica sabendo que está destinada a ser mãe, mãe do filho de Deus. E finalmente, aos pés da cruz, Jesus revela sua vocação definitiva — ou antes um aspecto novo de sua vocação — quando lhe confia, para que cuidasse deles, todos os filhos do pai.

Também a história da Igreja apresenta-nos inúmeros exemplos de homens e mulheres que, mais ou menos avançados na vida, ouvem Deus que os chama para novas tarefas. E o seu destino muda de direção. Pense naquele monge que Deus arrancou de sua cela e que se tornou o grande papa reformador, São Gregório VII. Pense nessa jovem viúva francesa do século dezessete, Maria da Encarnação, que embarcou para as terras da América do

Norte, recentemente descobertas, e, às margens do rio São Lourenço, lançou os alicerces de uma nova cristandade que em breve se tornou florescente.

Desde que sou padre, quantos confrades e leigos conheci que, um dia ouviram um novo chamado! Aqui vou lembrar apenas casais. Penso naqueles que vi abandonar uma situação tranquila para se colocar a serviço dos deserdados, dos pobres de bens materiais, de cultura ou de esperança. Lembro-me da visita daquele pastor que, aos setenta anos, veio anunciar-me que partia com sua mulher para uma missão do outro lado da terra. Lembro-me de esposos que, estando já os filhos encaminhados na vida, foram, cada um por seu lado, para a vida monástica. Fiquei sempre muito impressionado pela alegria dessas pessoas no momento da partida: um entusiasmo, um frêmito da alma, uma libertação, mais até que em um jovem de vinte anos que recebe as ordens, ou em uma jovem religiosa que parte para cuidar de leprosos.

Quantos outros, porém, fizeram ouvidos moucos; nem mesmo admitiram que se levantasse a questão! Nem todos declaravam abertamente que se julgavam com direito ao repouso depois de honrosos serviços. Mas, na verdade, não queriam saber de toda essa confusão provocada sempre pelo chamado de Deus. É claro que não deixavam de apresentar boas razões: é muito tarde, a saúde já não é suficiente, as responsabilidades familiares e sociais não devem ser negligenciadas, filhos e netos precisam de nós... Se lhes lembrava os exemplos citados mais acima, logo tinham uma explicação tranquilizadora: questão de temperamento (o gosto pela mudança, sede de aventura), decepções, iluminismo, estima insuficiente do dever de estado.

E sem dúvida, há verdadeira e falsa vocação. O chamado autêntico não se deve confundir com o entusiasmo passageiro. Precisa ser passado pela peneira de uma reflexão séria, de uma oração humilde, de um conselho esclarecido. Mesmo assim, como é fácil, fácil demais, procurar no álibi de uma ilusão possível a desculpa para a frouxidão.

Uma narrativa evangélica revela-nos o segredo da recusa que essas pessoas, apesar de tudo sinceramente fiéis a Deus, opõem ao chamado divino. Um homem de grande virtude aproxima-se de Jesus; vem à procura de princípios de alta espiritualidade para nutrir seu fervor. É, porém, um chamamento que o Mestre lhe apresenta: "Falta-te somente uma coisa: vai, vende tudo o que tens, dá-o aos pobres... Depois vem e segue-me!" (Mc 10,17-23). O homem volta-se e, em passos lentos, vai para casa, uma tristeza funda no coração. O relato evangélico termina com essa frase curta, perturbadora em seu laconismo: "Ele tinha muitos bens".

Essa é a verdadeira razão de tantas vocações abortadas: as riquezas aprisionam. Dinheiro, relações, situações, bens do espírito ou bens do coração. Ver tantos desses que tinham começado bem, que mesmo duas ou três vezes tinham respondido ao chamado de Deus, e que finalmente se instalaram na mediocridade, na tibieza, no conforto...

Acabou-se a bela aventura do amor sempre jovem, alerta e generoso! Não se trata necessariamente de infidelidade. Mas de uma fidelidade ladra, resignada, morosa, falsamente certa que "Deus não pede tanto", facilmente agressiva diante da generosidade de outros. Já não se trata de amor, pois o amor nunca diz: "Basta".

Felizmente o Senhor, ele que é fiel, o fiel, não se conforma com nosso torpor nem com ficarmos atolados. Ele nos quer vivos. Ora, viver é amar, dar, dar-se. Para tirar do atoleiro quem ali ficou preso, para despertar quem dorme, muitas vezes ele permite a provação. Para seu filho tudo é melhor do que a morte do coração; tudo, mesmo o sofrimento. Mas, será que o chamado da provação será mais ouvido?

"Hoje, se ouvirdes sua voz, não endureçais vossos corações" (Sl 95,7-8; Hb 3,7). Cuidado com as trapaças do espírito e do coração. Sejam verdadeiros filhos de Deus, fazendo-lhe o favor de acreditar que não pede coisas não razoáveis. Estejam sempre prontos a se deixar contratar e a partir, sem apelar para direitos, sem pedir adiamentos, sem demorar.

Felizes aqueles que, ao longo de todo o seu caminho terrestre, sempre estiveram prontos para atender aos chamados divinos. Para eles, mesmo a morte será uma nova partida, ainda mais ágil e mais alegre do que as anteriores, como resposta ao novo e derradeiro chamado do Senhor: "Servo bom e fiel, entra na alegria de teu Senhor".

## Sua Bíblia em imagens

Não sou grafólogo diplomado, nem mesmo amador, mas diante de uma letra desconhecida sou capaz de procurar adivinhar alguma coisa da personalidade de meu correspondente. O psicólogo, a quem você entrega desenhos de seu garoto de quatro anos, fará observações surpreendentes sobre seu caráter. Isso prova que tudo quanto emana de um ser é revelador desse ser. E quanto mais uma obra exigiu a intervenção das riquezas profundas de seu autor — pensamentos, gostos, amores — tanto mais será reveladora. Um concerto de Mozart, que maravilhosa estrada para penetrar na alma do mestre de Salzburgo! A catedral de Paris, que espantosa revelação da personalidade profunda de um mestre de obras da Idade Média!

Toda a criação... impossível que não nos ensine coisas extraordinárias sobre seu autor. Os pastores de todos os tempos sempre adivinharam o esplendor de Deus ao contemplar, à noite, o céu fervilhante de estrelas, pois "os céus anunciam a glória de Deus". Os trovões que estrondam e o mar em cólera revelaram a onipotência divina para aqueles que chamamos de primitivos. Sem ir tão longe, um olhar de criança, porque é uma janela aberta para a "inocência" de Deus, toca-nos no mais profundo de nós mesmos. É a vida íntima de Deus que a criação nos revela, pois surgida de seu coração proclama seu grande desígnio de amor, concebido muito antes do nascimento dos mundos.

Não apenas toda a criação, mas também cada detalhe é uma confidência de Deus: da mesma maneira como um simples capitel da catedral revela-nos um pensamento do artista.

Mas é preciso saber ler para compreender essas confidências de Deus. Ora, quantos analfabetos nesse domínio! Analfabetos muitas vezes cobertos de diplomas, mas radicalmente incapazes de decifrar essa "carta de amor do bem amado" que é uma simples flor à beira do caminho, como dizia Tagore[15].

Padre Sertillanges[16], para nos fazer perceber a atitude do verdadeiro crente diante da criação, em resumo escrevia isto: Alguns turistas, à tarde, aproximam-se de um chalé na montanha. Ao perceber uma luz na vidraça, nem perguntam quem a acendeu. Somente o pequeno guia percebeu naquela chama, anônima para todos os outros, uma mão querida: é sua mãe... é sua namorada... e seu coração bate e seu passo se faz mais rápido. Quando os viajantes dizem: "é lá", somente ele murmura: "é ela". Assim o crente, diante das criaturas, ao ver filtrar-se delas uma luz, compreende imediatamente: "é ele". E dia após dia penetra sempre mais no conhecimento de seu Deus, tendo aprendido a decifrar suas mensagens.

Não é sem esforço que se consegue essa ciência, essa inteligência da linguagem de Deus. Adquirir, aliás, é um

---

[15] RABINDRANATH TAGORE (1861-1941), prêmio Nobel de literatura (1913), um dos maiores poetas modernos da Índia. (Nota do tradutor.)
[16] ANTONIN-GILBERT SERTILLANGES (1863-1948), frei dominicano, teólogo e filósofo. (Nota do tradutor.)

termo inexato: essa inteligência é um dom de Deus mais que uma aquisição do homem. "Colocarei meu olho em teu coração", lemos na Escritura. Continua porém verdade que, se não exercermos essa nova faculdade, ela se atrofia. Ao passo que, para aquele que a exerce, o mundo todo torna-se em pouco tempo transparente.

Casados, vocês dispõem de pouco tempo para estudar e aprofundar sua fé. Alguns de vocês sofrem com isso, ao passo que outros facilmente se acomodam, muito contentes com um bom pretexto que os dispensa de uma trabalhosa pesquisa. Vocês esquecem que não somente os livros falam de Deus. Vocês têm em casa uma Bíblia em imagens, se assim posso dizer. Ah! Se vocês a folheassem! Estou falando de todas essas realidades familiares que fazem parte de sua vida: o amor conjugal, a paternidade, a maternidade, os filhos, a casa... tudo isso que Deus encontrou de mais explícito para se dar a conhecer.

Casamento, mas há três mil anos é exatamente a ele que os escritores inspirados invocaram para dar a conhecer aos homens a que intimidade com Deus eles são chamados. "Como a jovem esposa faz a alegria do esposo, assim tu serás a alegria do teu Deus!"

O pai de família é a melhor referência que Jesus encontrou para nos fazer entender o amor e a inesgotável misericórdia de Deus para conosco: "Se vós, sendo maus, sabeis dar coisas boas para vossos filhos, quanto mais o Pai do céu dará o Espírito Santo àqueles que o pedem!"

E a criança! Se todas as criaturas falam do Senhor e em nome do Senhor, mais que todas fala a criança a seus pais.

Ouçam esse pai de família meu amigo: "Obrigado, meu pequeno homem. Eu o ajudo a aprender as primeiras noções do catecismo, mas você, a cada instante, é para mim uma palavra viva de Deus. Quando, brincando, eu o coloco de pé sobre a mesa e lhe digo: 'Salte', você salta rindo a mais não poder. Você sabe muito bem que vou apanhá-lo no ar! Quando você está deitado, já não são seus risos que eu ouço, mas a voz divina que me diz: 'Você tem uma fé semelhante à desse pequeno? Que é que você arrisca, que é que você acha que pode arriscar por mim? E no entanto, meus braços são imensamente mais fortes que os seus!...'

Quando, à noite, eu o deixo, você grita: 'Tenho medo!'. Você sabe muito bem, no entanto, que estou no quarto ao lado, mas quer minha presença junto de sua cama.

— E eu, meu Deus, será que tenho medo de estar separado de vós? Tenho realmente fome dos vossos sacramentos que vos tornam tão próximo?

Obrigado, meu pequeno homem, porque é tão fraco, tão desajeitado, por precisar sempre de mim para tudo: para amarrar os calçados, arrumar as rodas de seu carrinho, partir a carne para você. Obrigado por correr, aos gritos de alegria, quando volto para casa. Obrigado pelos seus olhos que brilham quando lhe faço um pequeno presente. Obrigado, obrigado!"

Esse garoto era para seu pai, que o via com olhos de fé, uma Bíblia viva; sem esse olhar de fé, não passaria de uma palavra de Deus escrita numa linguagem desconhecida.

É preciso pedir continuamente ao Senhor que nos dê um olhar novo: "Colocarei meu olho em teu coração", promete ele a todos que lhe pedem. Então o marido, a mulher, as crianças, todas as criaturas tornam-se transparentes para nós, como outros tantos vitrais através dos quais, em mil cores, chega até nós a luz do rosto de Deus.

# Índice dos nomes próprios

ANOUILH (Jean), 71
ARAGON (Louis), 21, 22
AGOSTINHO (Santo), 45
BARBEY D'AUREVILLY (Jules), 99
BERNANOS (Georges), 49
CAMUS (Albert), 99
COUDERC (L. e S.), 100
DUHAMEL (Georges), 16
ESTAUNIÉ (Edouard), 100
GIDE (André), 38
IBSEN (Henrik), 99
LA BRUYÈRE (Jean de), 99
LUBICK MILOSZ (O. V. de), 100
MAETERLINCK (Maurice), 92
MANSFIELD (Katherine), 81
MARY (A.), 99
MAUPASSANT (Guy de), 98, 100
MAURIAC (François), 46, 48, 51
PASCAL, 99
PATMORE (Coventry), 86
PAULO VI, 69
RILKE (Rainer Maria), 97, 100, 101
RUSKIN (John), 15
RUYSBROEK (João de), 101
SERTILLANGES (A.), 121
TAGORE (Rabindranath), 121
TERESA DE ÁVILA (Santa), 97
VALÉRY (Paul), 97
WILDE (Oscar), 99

# Índice

Prefácio (por Xavier Lacroix) ............... 5
Aos leitores ............... 7
Uma tão longa ausência ............... 11
A inocência do olhar ............... 15
Um olhar que escuta ............... 17
Essa paixão que devora ............... 21
As atualidades do coração ............... 25
Ter coragem de ser feliz ............... 28
Um leão a rondar ............... 31
Carta para a Senhora X ............... 34
Adolescentismo ............... 38
Cristãos decapitados ............... 42
Silêncio que mata o amor ............... 46
Não há surdo pior... ............... 50
Inventar ............... 54
Porque eu sou Inês ............... 56
Para mim você é muito importante ............... 58
Procuro seu olhar ............... 62
Estranho princípio ............... 65
As lágrimas e o riso ............... 70
O amor mais forte que o mal ............... 74
Uma mulher perfeita ............... 77
Adquiri um homem com a ajuda de Javé ............... 83
Honrar a gratuidade ............... 86
O dever de sentar-se ............... 89

Amor e solidão .................................................................. 94
Se deixasse de amá-lo ..................................................... 102
Os aposentados do amor ................................................. 112
Se ouvir sua voz .............................................................. 115
Sua Bíblia em imagens ................................................... 120
Índice dos nomes próprios .............................................. 125